Cahier d'activités

Teacher's Edition
with Overprinted Answers

HOLT, RINEHART AND WINSTON

A Harcourt Classroom Education Company

Austin • New York • Orlando • Atlanta • San Francisco • Boston • Dallas • Toronto • London

Writer

Laura Terrill
Parkway South High School
Ballwin, MO 63021

Copyright © by Holt, Rinehart and Winston

All rights reserved. No part of this publication may be reproduced or transmitted in any form or by any means, electronic or mechanical, including photocopy, recording, or any information storage and retrieval system, without permission in writing from the publisher.

Requests for permission to make copies of any part of the work should be mailed to the following address: Permissions Department, Holt, Rinehart and Winston, 10801 N. MoPac Expressway, Building 3, Austin, Texas 78759.

Cover Photo/Illustration Credits
Group of students: Marty Granger/HRW Photo; French books: Sam Dudgeon/HRW Photo
CD: Digital image® © 2003 Photodisc, Inc.

Art credits
All art, unless otherwise noted, by Holt, Rinehart & Winston.
Page 7, Yves Larvor; 27, Michel Loppé; 33, Michel Loppé; 112, Yves Larvor; 141, Anne Stanley.

Photography credits
Page 11, (l), Kathy Willens/Wide World Photos, Inc.; 11(r), Shawn Botterill/Allsport; 40(both), 61, HRW Photo/Marty Granger/Edge Productions; 72(l), HRW Photo/Daniel Aubry; 72(c), (r), HRW Photo/Russell Dian; 84(both), Laura Terrill; 104, HRW Photo/Stuart Cohen; 108, David R. Frazier Photolibrary; 117, Don Irons/Sipa; 128(all), 141, HRW Photo/Marty Granger/Edge Productions.

ALLEZ, VIENS! is a trademark licensed to Holt, Rinehart and Winston, registered in the United States of America and/or other jurisdictions.

Printed in the United States of America

ISBN 0-03-064997-8

    4 5 6 7 066 05 04 03

Contents

Chapitre préliminaire 1

Allez, viens à Poitiers!

CHAPITRE 1 Faisons connaissance!
Mise en train 3
Première étape 4
Deuxième étape 7
Troisième étape 9
Lisons! 11
Panorama culturel 12

CHAPITRE 2 Vive l'école!
Mise en train 13
Première étape 14
Deuxième étape 17
Troisième étape 20
Lisons! 23
Panorama culturel 24

CHAPITRE 3 Tout pour la rentrée
Mise en train 25
Première étape 26
Deuxième étape 29
Troisième étape 32
Lisons! 35
Panorama culturel 36

Allez, viens à Québec!

CHAPITRE 4 Sports et passe-temps
Mise en train 37
Première étape 38
Deuxième étape 41
Troisième étape 45
Lisons! 47
Panorama culturel 48

Allez, viens à Paris!

CHAPITRE 5 On va au café?
Mise en train 49
Première étape 50
Deuxième étape 53
Troisième étape 56
Lisons! 59
Panorama culturel 60

CHAPITRE 6 Amusons-nous!
Mise en train 61
Première étape 62
Deuxième étape 65
Troisième étape 68
Lisons! 71
Panorama culturel 72

CHAPITRE 7 La famille
Mise en train 73
Première étape 74
Deuxième étape 77
Troisième étape 80
Lisons! 83
Panorama culturel 84

Allez, viens à Abidjan!

CHAPITRE 8 Au marché
Mise en train 85
Première étape 86
Deuxième étape 89
Troisième étape 92
Lisons! 95
Panorama culturel 96

Allez, viens en Arles!

CHAPITRE 9 Au téléphone
Mise en train 97
Première étape 98
Deuxième étape 102
Troisième étape 104
Lisons! 107
Panorama culturel 108

CHAPITRE 10 Dans un magasin de vêtements
Mise en train 109
Première étape 110
Deuxième étape 113
Troisième étape 116
Lisons! 119
Panorama culturel 120

CHAPITRE 11 Vive les vacances!
Mise en train 121
Première étape 122
Deuxième étape 125
Troisième étape 128
Lisons! 131
Panorama culturel 132

Allez, viens à Fort-de-France!

CHAPITRE 12 En ville
Mise en train 133
Première étape 134
Deuxième étape 137
Troisième étape 140
Lisons! 143
Panorama culturel 144

Mon journal
Chapitres 1-12 145

To the Teacher

Contextualized practice is an important step in achieving language proficiency. The *Cahier d'activités* is filled with opportunities for students to practice newly learned functions, grammar, and vocabulary in real life contexts. The variety of formats makes the activities appealing and ensures that students will be able to use their new language skills in a wide range of situations.

Each chapter of the *Cahier d'activités* provides the following types of practice:

- **Mise en train**   Brief recognition-based activities reinforce newly introduced concepts.

- **Première, deuxième** and **troisième étapes**   Within each **étape,** functional expressions, grammar, and vocabulary are practiced, both individually, within the context of previously learned material, and in contexts that incorporate all of the material from the **étape.** The activities progress from structured practice to more creative, open-ended work.

- **Lisons!**   Additional reading selections and comprehension activities provide students more practice with the vocabulary and functions taught in the chapter.

- **Panorama culturel**   This section offers several opportunities for students to reinforce and apply the newly acquired cultural information from the chapter.

- **Mon journal**   Additional journal activities on pages 145–156 give students the opportunity to apply the writing strategies and material they've learned in relevant, personalized contexts.

Answers to all activities are included in the *Cahier d'activités, Teacher's Edition.* Annotations in the *Annotated Teacher's Edition* correlate activities in the *Cahier d'activités* with material presented in the *Pupil's Edition.*

Nom_____ Classe_____ Date_____

CHAPITRE PRELIMINAIRE
Allez, viens!

1 Les célébrités Can you match the names of these six famous French-speaking people with their professions? Write the letter next to the person's name.

1. __c__ Isabelle Adjani
2. __a__ Victor Hugo
3. __e__ Céline Dion
4. __f__ Zinedine Zidane
5. __d__ Gérard Depardieu
6. __b__ Marie Curie

a. poet and political activist
b. scientist
c. actress
d. actor
e. singer
f. athlete

2 Pourquoi le français? List four occupations in which French would be useful.
Answers will vary. Possible answers:

1. tour guide
2. travel agent
3. hotel receptionist
4. translator

3 Les devinettes Can you guess the meanings of these French words from the English clues?

> tigre   bananes   uniforme   adresse   trompette
> crabe   iglou   monstre

1. It's on your mail. __adresse__
2. Don't monkey with these. __bananes__
3. You're in the army now. __uniforme__
4. It's great for blowing your own horn. __trompette__
5. It goes with lion and bear. __tigre__
6. It's a really cool house. __iglou__
7. It stars in horror movies. __monstre__
8. It claws its way along. __crabe__

4 Les chiffres Write the numeral equivalent of the French numbers listed below.

__11__ onze   __3__ trois   __19__ dix-neuf
__0__ zéro   __14__ quatorze   __8__ huit
__15__ quinze   __9__ neuf   __5__ cinq

5 Les accents français Céline's computer doesn't print French accents. Can you help her by adding the accents to the underlined words in the following sentences? Then go back to pages 1, 3, 5, and 8 of your textbook to check your answers.

1. Jérôme et Stéphane vont voir un film avec Gérard Depardieu.
2. En Afrique, il y a beaucoup d'éléphants et de zèbres.
3. La République de Côte d'Ivoire, le Sénégal et l'Algérie sont des pays d'Afrique. On parle français dans ces trois pays. Le Québec et Haïti sont aussi francophones.

6 La francophonie Put a check mark next to those places where you'd be able to practice your French.

✓ la Belgique   ___ le Brésil   ✓ le Tchad
___ l'Egypte   ✓ le Sénégal   ✓ Monaco
✓ la Suisse   ✓ la Guadeloupe   ✓ la Tunisie
✓ le Québec   ___ le Nigéria   ___ l'Irlande

7 Comment tu t'appelles? Can you guess which of these French names could be hers and which could be his? Write them down under the photos. **Order will vary.**

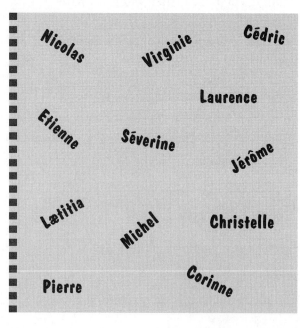

Christelle
Laurence
Lætitia
Virginie
Corinne
Séverine

Nicolas
Etienne
Jérôme
Pierre
Cédric
Michel

CHAPITRE 1 — Faisons connaissance!

■ MISE EN TRAIN

1 Les intrus The following sentences can be completed logically with three of the four choices listed. Place a checkmark next to the word or phrase that doesn't work.

1. Bonjour. Je suis...
   - _____ suisse.
   - _____ belge.
   - ✔ aussi.
   - _____ française.

2. Pendant les vacances, j'aime...
   - _____ voyager.
   - _____ nager.
   - _____ danser.
   - ✔ super.

3. J'aime faire du sport, surtout...
   - _____ du vélo.
   - _____ de l'équitation.
   - ✔ de la musique.
   - _____ du football.

4. J'ai... ans.
   - _____ quinze.
   - ✔ blond.
   - _____ seize.
   - _____ douze.

5. ...la télévision.
   - ✔ Je m'appelle
   - _____ J'aime
   - _____ J'aime bien
   - _____ J'adore

2 Oui ou non? Do the sentences below describe you? If they do, check **oui**. If they don't, check **non**. **Answers will vary.**

	oui	non
1. Je parle allemand.		
2. J'aime le ski.		
3. Je suis suisse.		
4. J'ai seize ans.		
5. J'aime danser.		
6. J'aime lire.		
7. J'adore le cinéma.		
8. Je n'aime pas parler au téléphone.		
9. J'aime étudier.		
10. J'aime les vacances.		

PREMIÈRE ÉTAPE

3 Salut ou bonjour? How would Didier greet the following people? How would they respond to Didier? Fill in the speech bubbles appropriately. **Answers may vary. Possible answers:**

4 À une boum At a birthday party, you overhear various conversations. Under each dialogue, draw the appropriate facial expression for the person who answers.

a. — Ça va, Fabrice?
— Super!

b. — Ça va, Paulette?
— Pas terrible.

c. — Ça va, Alice?
— Ça va bien.

5 Le jeu You're a contestant on a game show. You've been given some cards that have tasks written on them in English. Write three French words or phrases that relate to each task. **Answers may vary. Possible answers:**

a. Addressing people
   1. Monsieur
   2. Madame
   3. Mademoiselle

b. Telling how you are
   1. Ça va.
   2. Très bien.
   3. Pas mal.

c. Giving people's names
   1. Je m'appelle…
   2. Il s'appelle…
   3. Elle s'appelle…

d. Asking simple questions
   1. Et toi?
   2. Tu as quel âge?
   3. Tu t'appelles comment?

e. Saying goodbye
   1. Au revoir.
   2. A tout à l'heure.
   3. Tchao.

6 Un nouveau copain You'd like to get to know a new student in your French class. Write three statements or questions you might use to get a conversation started. **Answers will vary. Possible answers:**

1. Bonjour.
2. Tu t'appelles comment?
3. Tu as quel âge?

7 L'espion You've applied for a position with the S.D.E.C.E. (the French equivalent of the CIA). Complete the following tasks to prove you've mastered some very basic espionage skills.

a. First, you receive the following messages, which appear to be written in code. Decipher the code and rewrite the message.

> journob. ut t'ellesppa mentmoc?
>
> ej m'elleppa laup.
>
> mentmoc aç av?
>
> asp èstr enbi.

1. __Bonjour. Tu t'appelles comment?__
2. __Je m'appelle Paul.__
3. __Comment ça va?__
4. __Pas très bien.__

b. Now, you've received a note. It looks like disappearing ink has been used, because some letters and words are missing. Fill in the blanks to make sense of the note.

Comment _ça_ v_a_?

_Pa_s _m_al. Et t_oi_?

Tr_è_s b_ie_n, merci.

Tu t'app_e_ll_es_ François?

Non, m_oi_, j_e_ _m_'appelle Robert.

T_u_ _as_ qu_el_ âge?

J'_ai_ qu_at_orz_e_ _an_s.

c. Just when you thought you'd passed all your tests with flying colors, you find that you have to pass one final test. Since you'll have to speak French while on your mission, write out what you'll need to say to accomplish these tasks. **Answers may vary. Possible answers:**

1. Greet someone. __Bonjour.__
2. Introduce yourself. __Je m'appelle...__
3. Find out how someone is. __Ça va?__
4. Tell someone how old you are. __J'ai... ans.__
5. Say goodbye. __Au revoir.__

DEUXIÈME ÉTAPE

8 Moi, je... How do you think the individuals in these pictures feel about what they're doing? Write what they might say to express their feelings. **Answers may vary. Possible answers:**

a. b. c.

a. Je n'aime pas le vélo.

b. J'aime le football.

c. J'aime le ski.

9 Une conversation Pamela is meeting Didier, a French exchange student, for the first time. Complete their conversation with the appropriate words from the box.

PAMELA Tu as quel __âge__ ?

DIDIER J'ai quatorze __ans__. Et toi?

PAMELA Moi, j'ai __seize__ ans.

DIDIER Tu __aimes__ le ski?

PAMELA Oui, mais je n'aime __pas__ le __football__.

DIDIER Moi, j'adore les restaurants américains!

PAMELA Ah, oui? Tu aimes les __hamburgers__ ?

DIDIER Oui! Et la __glace__ au chocolat aussi.

PAMELA Bon. A __bientôt__ !

DIDIER Oui. __Salut__, Pamela.

10 A ton tour! You're an exchange student in France. The school newspaper is doing an article about you and has asked you to write three statements about your likes and dislikes. **Answers will vary. Possible answers:**

1. J'aime le ski.

2. Je n'aime pas les escargots.

3. J'adore la glace.

Nom_____ Classe_____ Date_____

11 Une enquête Thuy is conducting a survey to find out what students like to do in their spare time. Based on their answers, write the questions Thuy is asking the students. **Answers may vary. Possible answers:**

THUY   **Tu aimes la plage?**
EMILIE   Oui, j'aime bien la plage.
THUY   **Tu aimes le ski?**
CLAIRE   Non, je n'aime pas le ski.
THUY   **Tu aimes la télévision?**
MICHEL   Oui, j'aime la télévision.

12 Quelle catégorie? List as many French words as you can that you associate with each picture. **Answers will vary. Possible answers:**

a.
- les hamburgers
- la pizza
- les frites
- la glace

b.
- les livres
- l'école
- les examens
- les maths

13 L'espion As a beginning S.D.E.C.E. agent, you're in charge of decoding the following suspicious memo.

a. First, you'll need to unscramble each of the following sentences.

1. aime/bien/escargots./il/les//toi?/et   **Il aime bien les escargots. Et toi?**
2. Sylvie./salut//aimes/tu/pizza?/la   **Salut, Sylvie. Tu aimes la pizza?**
3. escargots./moi/adore/j'/les   **Moi, j'adore les escargots.**
4. frites./aussi/aime/j'/les/et/oui//Philippe?/et   **Oui, et j'aime aussi les frites. Et Philippe?**

b. Now, rewrite the sentences in a logical sequence to determine if the suspicious dialogue is cause for concern.

1. — **Salut, Sylvie. Tu aimes la pizza?**
2. — **Oui, et j'aime aussi les frites. Et Philippe?**
3. — **Il aime bien les escargots. Et toi?**
4. — **Moi, j'adore les escargots.**

TROISIEME ETAPE

14 Où sont-ils? Find and list eight subject pronouns (**je, tu,...**) in this grid. They can be read horizontally, vertically or diagonally, from left to right, or right to left. **Order and selections may vary.**

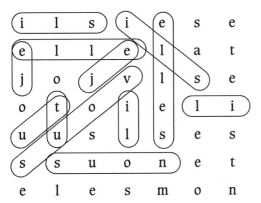

je	nous
tu	vous
il	ils
elle	elles

15 Et vous? Indicate how you feel about various things by filling in the chart below. Use the categories on the left to guide your answers. **Answers will vary. Possible answers:**

	J'aime...	J'aime bien...	Je n'aime pas...
comme sport :	le vélo	le football	le ski
à l'école :	le français	les maths	les examens
à manger :	les hamburgers	la glace	les escargots
en vacances :	voyager	nager	faire le ménage

16 Une lettre You'll be spending one weekend with a French family as part of an exchange program. They've written to ask you what activities you like and don't like. Answer their letter in four or five sentences. **Answers will vary.**

Chère famille,

17 Le menu Philippe and his friends are deciding what they'll have for lunch. Complete their conversation by filling in the endings of the verb **aimer**.

PHILIPPE J'aim__e__ beaucoup les hamburgers. Et toi, Djeneba, tu aim__es__ ça?

DJENEBA Moi? J'aim__e__ les hamburgers! Mais Claire et Emilie n'aim__ent__ pas ça du tout.

PHILIPPE Et les frites, vous aim__ez__ ça?

DJENEBA Emilie et moi, nous aim__ons__ bien les frites. Mais Claire aim__e__ mieux la pizza. Nous aim__ons__ toutes le chocolat et la glace, bien sûr!

PHILIPPE Bon! Moi aussi, j'aim__e__ la pizza.

EMILIE Bravo! Nous aim__ons__ tous la pizza. Je suis d'accord pour la pizza, les frites... et comme dessert, la glace et le chocolat.

18 L'espion Once again your superiors at the S.D.E.C.E. want to test your skills. The picture below represents the room of a teenager suspected of being a foreign agent. What do you know about him based on the picture you see? Write five things you believe he likes, and one thing you believe he doesn't like. **Answers will vary. Possible answers:**

Example: Il aime parler au téléphone.
1. Il aime regarder la télé.
2. Il aime la musique.
3. Il aime faire du sport.
4. Il aime voyager.
5. Il aime le cinéma.
6. Il n'aime pas étudier.

19 Tes préférences What's your opinion of these activities? Rate each one, using the following scale: **super, bien, pas terrible**. Answers will vary.

faire du sport _____   faire les magasins _____

dormir _____   faire le ménage _____

écouter de la musique _____   nager _____

manger du chocolat _____   regarder la télé _____

étudier les maths _____   voyager _____

danser _____   lire _____

LISONS!

20 Qui suis-je? Read these descriptions of two well-known French-speaking people. Can you guess who they are?

1. Qui suis-je? Moi, j'adorais explorer. J'aimais surtout les océans et j'adorais le monde sous-marin. Je voyageais souvent. Mon bateau s'appelait *Calypso*.

   Jacques Cousteau

2. Qui suis-je? J'aime faire du sport, surtout du football.

   Zinedine Zidane

21 Ton opinion Read the description of the holiday resort given below and give five reasons why you'd like to go there. **Answers may vary. Possible answers:**

Sports et Vacances
à
Gabuzeau-sur-Mer

Plage • Piscines • Canotage
Equitation • Vélo • Parcs et jardins
Volley • Football • Basket-ball
Tennis • Golf • Bowling
Théâtre • Concerts
Cinémas
Cafés • Restaurants
Discothèques

1. J'aime nager.
2. J'aime écouter de la musique.
3. J'aime danser.
4. J'aime le sport.
5. J'aime le cinéma.

PANORAMA CULTUREL

22 Qui sont-ils? You'll probably recognize the names of the famous French-speaking people listed below. Try to match the name with the person's interest.

__f__ 1. Louis Pasteur   a. Il aime lire.

__h__ 2. Léopold Senghor   b. Elle aime le cinéma.

__b__ 3. Isabelle Adjani   c. Il aime le sport.

__g__ 4. Marie Curie   d. Il adore les automobiles.

__c__ 5. Zinedine Zidane   e. Il aime l'électricité.

__a__ 6. Louis Braille   f. Il aime les sciences.

__d__ 7. Armand Peugeot   g. Elle aime la physique.

__e__ 8. André Ampère   h. Il aime la politique.

23 Le monde francophone Read the sentences below. Then locate each person's country or region on the map and write the number of each sentence in the appropriate location.

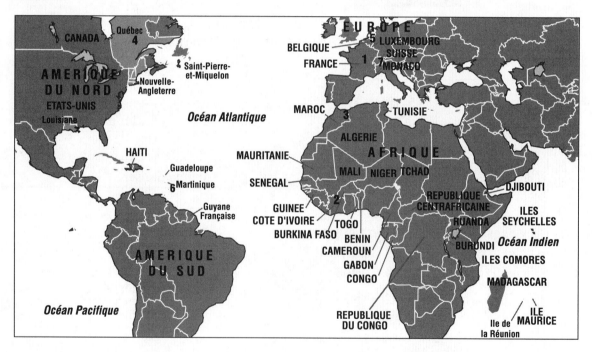

1. Claire est française.
2. Djeneba est ivoirienne.
3. Ahmed est marocain.
4. Emilie est québécoise.
5. Didier est belge.
6. Stéphane est martiniquais.
7. André est suisse.

CHAPITRE 2 — Vive l'école!

MISE EN TRAIN

1 Vive la rentrée! Choose the answer that best completes the conversation in each picture. Write the letter of your choice in the empty speech bubble.

1.
- a. Oui, ça va. J'ai français et j'adore ça.
- b. Oh, non! J'ai maths. C'est nul!
- c. Bof! Le prof de sciences nat n'est pas sympa.
- d. Oh, le français, c'est difficile. J'aime mieux l'espagnol.

2.
- a. J'ai musique et j'adore ça!
- b. C'est génial, la musique!
- c. Bof... J'ai musique. C'est difficile et je n'ai pas ma flûte.
- d. Il est neuf heures. Je suis en retard pour le cours de musique!

3.
- a. Non. J'ai géographie et après, j'ai maths.
- b. Oui. C'est intéressant.
- c. Non, j'ai maths à neuf heures.
- d. Non, j'aime mieux les maths.

Nom _____ Classe _____ Date _____

■ PREMIERE ETAPE

2 Le casse-tête

a. Find and circle nine words related to school life.

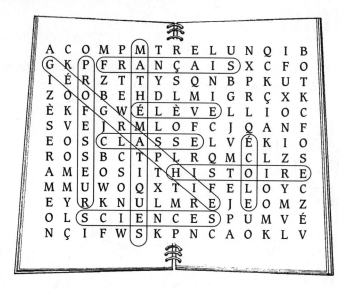

b. Now, choose two circled items and tell whether you like or dislike them, using the verb **aimer**. **Answers may vary. Possible answers:**

1. _____J'aime le français._____

2. _____Je n'aime pas la géographie._____

3 Chasse l'intrus
The following sentences can be completed logically with three of the four choices listed. Cross out the intruder in each list.

1. J'aime voyager. J'étudie...

   ~~la biologie.~~

   la géographie.

   l'allemand.

   le français.

2. L'école, c'est...

   ~~les magasins.~~

   les devoirs.

   les cours.

3. J'adore les sciences. J'ai...

   ~~allemand.~~

   bio.

   chimie.

   physique.

4. Je n'aime pas l'école. Je préfère...

   écouter de la musique.

   aller au cinéma.

   ~~étudier les sciences.~~

Nom_____ Classe_____ Date_____

4 Les personnalités au lycée Guess what subjects the following people would enjoy studying if they were at your high school. Match each name on the left with the letter on the right that represents the appropriate subject.

__c__ 1. Shakespeare   a. la physique
__h__ 2. Zinedane Zidane   b. les arts plastiques
__a__ 3. Albert Einstein   c. l'anglais
__g__ 4. Céline Dion   d. la biologie
__b__ 5. Claude Monet   e. le français
__d__ 6. Jacques Cousteau   f. l'histoire
__f__ 7. Napoléon   g. la chorale
__e__ 8. le professeur   h. le sport

5 Mots de passe You're preparing for a word game. Write as many clues as possible to help your partner guess each word. You might use phrases as well as single words. **Answers will vary. Possible answers:**

les sciences	la musique	les langues
la chimie	la chorale	le français
les sciences nat	la danse	l'anglais
la physique		l'allemand
la biologie		l'espagnol

6 Tu aimes tes cours? You meet your friend Paul at a café after the first day of school to talk about your classes. Paul likes all of his classes and asks you how you like yours. Vary your answers. **Answers will vary. Possible answers:**

Example: J'aime l'espagnol. Et toi? Moi, non. Je n'aime pas l'espagnol.

1. J'aime le sport. Et toi? __Moi aussi, j'aime le sport.__
2. J'aime l'histoire. Et toi? __Moi, non. Je n'aime pas l'histoire.__
3. J'aime les maths. Et toi? __Moi aussi, j'aime bien les maths.__
4. J'aime la biologie. Et toi? __Pas moi.__
5. J'aime l'anglais. Et toi? __Oui, beaucoup.__
6. J'aime le français. Et toi? __Non, pas trop.__

Nom _____ Classe _____ Date _____

7 Leurs préférences Tell why the following students are studying a specific subject. Remember to use the correct form of the verb **aimer**. **Answers may vary. Possible answers:**

Example: Céline étudie l'algèbre parce qu' *(because)* elle <u>aime les maths.</u>

1. Paul et Catherine étudient Shakespeare parce qu'ils <u>aiment l'anglais</u>.
2. Assika a chorale parce qu'elle <u>aime la musique</u>.
3. Nous étudions la biologie et la chimie parce que nous <u>aimons les sciences</u>.
4. Pauline étudie le ballet parce qu'elle <u>aime la danse</u>.
5. Vous étudiez la Renaissance parce que vous <u>aimez l'histoire</u>.
6. Tu étudies la gymnastique parce que tu <u>aimes l'éducation physique</u>.

8 Mais si ou oui? Ruthie enjoys all of the following activities. How would she answer the following questions? Remember to use **mais si** or **oui** according to the question.

Example: Tu aimes les frites? <u>Oui, j'aime les frites.</u>

1. Tu aimes danser? <u>Oui, j'aime danser.</u>
2. Tu aimes parler français? <u>Oui, j'aime parler français.</u>
3. Tu n'aimes pas les vacances? <u>Mais si, j'aime les vacances.</u>
4. Tu n'aimes pas les sciences naturelles? <u>Mais si, j'aime les sciences nat(urelles).</u>
5. Tu aimes les travaux pratiques? <u>Oui, j'aime les travaux pratiques.</u>

9 Les cours Write a short letter to your French pen pal about your classes and what you and your friends like and dislike about school. **Answers will vary.**

Cher/Chère _____,

_____
_____
_____
_____
_____
_____
_____
_____

Nom_____ Classe_____ Date_____

DEUXIEME ETAPE

10 Un désastre Your computer has scrambled your friends' schedules. Unscramble each of the following sentences. **Word order may vary. Possible answers:**

1. ont/heures/trente/Anne/chimie/à/huit/et/Pierre

   Anne et Pierre ont chimie à huit heures trente.

2. à/avons/nous/quinze/quarante/sport/heures

   Nous avons sport à quinze heures quarante.

3. espagnol/maths/heures/Philippe/vous/avez/a/à/treize/et

   Vous avez maths et Philippe a espagnol à treize heures.

4. travaux/nat/neuf/et/as/ai/j'/sciences/pratiques/heures/à/tu

   J'ai travaux pratiques et tu as sciences nat à neuf heures.

11 Séjours linguistiques Some of your French friends want to go to England or the United States to learn English. You listen as they exchange the phone numbers of some sponsoring organizations. Find each phone number in the ads and write the name of the corresponding organization.

EUROLANGUES 182, rue Lecourbe, 75015 Paris Tél.: (01) 42.50.08.17. **UNAT** (Union nationale des associations de tourisme et de plein air). 8, rue César-Franck, 75011 Paris. Tél.: (01) 47.83.21.73.	**UNOSEL** (Union nationale des organismes de séjours linguistiques). 15-19, rue des Mathurins, 75009 Paris. Tél.: (01) 45.51.08.00. **NACEL** 21, rue de Clocheville, 37000 Tours. Tél.: (02) 47.05.10.48.	**OISE** (Oxford Intensive School of English). 21, rue Théophraste Renaudot, 75015 Paris. Tél.: (01) 45.33.13.02. **CAP MONDE** 11, Quai Conti, 78430 Louveciennes. Tél.: (01) 30.82.15.15.

Example: Zéro un. Trente. Quatre-vingt-deux. Quinze. Quinze. __CAP MONDE__

1. Zéro un. Quarante-cinq. Cinquante et un. Zéro huit. Zéro zéro. __UNOSEL__
2. Zéro un. Quarante-cinq. Trente-trois. Treize. Zéro deux. __OISE__
3. Zéro un. Quarante-deux. Cinquante. Zéro huit. Dix-sept. __EUROLANGUES__
4. Zéro deux. Quarante-sept. Zéro cinq. Dix. Quarante-huit. __NACEL__

12 Tu as quel cours? Amadou and Philippe are comparing schedules on the first day of class. Complete their conversation, using the correct forms of **avoir**.

— Moi, j'__ai__ histoire avec M. Dupont. Et toi?

— Moi non, mais Alice et Virginie __ont__ M. Dupont aussi.

— Tu __as__ anglais le vendredi matin?

— Oui, Paul et moi, nous __avons__ anglais le lundi, le mercredi et le vendredi matin.

— Super! Moi aussi! On est ensemble alors! Et vous __avez__ physique avec Mme Theriot?

— Non, pas cette année. Mais je crois que Virginie __a__ Mme Theriot.

13 À quelle heure? You're helping your friend Pauline get organized. She has jotted down her plans for the day on a scrap of paper. Write Pauline's activities in chronological order in her date book.

Faire les devoirs
dix-sept heures trente
Sport
quatorze heures quinze
Dîner avec Julie et Ahmed
dix-neuf heures quarante
Déjeuner
douze heures à treize heures quinze
Travaux pratiques
neuf heures
Allemand
dix heures trente

HEURE	ACTIVITE
9h00	Travaux pratiques
10h30	Allemand
12h00–13h15	Déjeuner
14h15	Sport
17h30	Faire les devoirs
19h40	Dîner avec Julie et Ahmed

14 L'emploi du temps On what days and at what times does Stéphanie have classes or free time? Complete sentences 1 through 5, according to her schedule, writing out the numbers.

EMPLOI DU TEMPS   NOM: Stéphanie Lambert   CLASSE: 3e

		LUNDI	MARDI	MERCREDI	JEUDI	VENDREDI	SAMEDI	DIMANCHE
MATIN	8h00	Allemand	Arts plastiques	Mathématiques	Mathématiques	Français		L
	9h00	Français	Arts plastiques	Anglais	Sciences nat	Français	Anglais	I
	10h00	Récréation	Récréation	Récréation	Récréation	Récréation	TP physique	
	10h15	EPS	Allemand	Français	EPS	Sciences nat	TP physique	B
	11h15	Sciences nat	Etude	Histoire/Géo	Etude	Arts plastiques	[Sortie]	R
	12h15	Déjeuner	Déjeuner	[Sortie]	Déjeuner	Déjeuner	APRES-MIDI	
APRES-MIDI	14h00	Histoire/Géo	Mathématiques	APRES-MIDI	Histoire/Géo	Allemand	LIBRE!	E
	15h00	Anglais	Physique/Chimie	LIBRE!	Physique/Chimie	Mathématiques		
	16h00	Récréation	[Sortie]		Récréation	[Sortie]		
	16h15	Mathématiques			Arts plastiques			
	17h15	[Sortie]			[Sortie]			

Example: <u>Stéphanie a TP de physique le samedi à dix heures.</u>

1. Elle a physique/chimie ____le mardi et le jeudi à quinze heures._____

2. Elle a anglais ____le lundi à quinze heures, et le mercredi et le samedi à neuf heures.____

3. Elle a allemand ____le lundi à huit heures, le mardi à dix heures quinze et le vendredi à quatorze heures.____

4. Elle a étude __le mardi et le jeudi à onze heures quinze.__

5. Elle a histoire/géo __le lundi et le jeudi à quatorze__
   __heures, et le mercredi à onze heures quinze.__

15 Ton emploi du temps

a. Fill in your current morning schedule for the week, including times and days of the week. **Answers will vary.**

HEURE	LUNDI	MARDI	MERCREDI	JEUDI	VENDREDI

b. Now, write five statements about your schedule. Include days and times. Write out the numbers. **Answer will vary.**

1. _____
2. _____
3. _____
4. _____
5. _____

16 Ta semaine à l'école

You're hosting a French exchange student next semester. Write him or her a letter describing your daily schedule. Mention classes you have, specific times, and whether or not you like these classes. Remember to write out numbers. **Answers will vary.**

Cher/Chère _____,

_____
_____
_____
_____
_____
_____
_____

TROISIEME ETAPE

17 Un sondage A student at your school is conducting a survey of student preferences for school subjects. Tell her what you think of your classes by circling one of the three choices. **Answers will vary.**

1. Comment tu trouves le français?
   a. C'est super.
   b. C'est pas mal.
   c. C'est nul.

2. Comment tu trouves le sport?
   a. C'est génial.
   b. C'est pas super.
   c. C'est zéro.

3. Comment tu trouves les maths?
   a. C'est passionnant.
   b. C'est intéressant.
   c. C'est pas terrible.

4. Comment tu trouves la physique?
   a. C'est facile.
   b. C'est pas mal.
   c. C'est difficile.

5. Comment tu trouves la biologie?
   a. C'est super.
   b. C'est pas mal.
   c. C'est barbant.

6. Comment tu trouves la musique?
   a. C'est cool.
   b. C'est pas mal.
   c. C'est nul.

18 Ton propre sondage You want to find out what twenty classmates think of either a rock star, a city, a movie, or an actor. At the top of the chart, write the question you'll ask. Fill in the first column of the chart with five possible opinions, from most to least favorable. Use the second column to keep track of your friends' answers and the third column to record percentages. **Answers will vary. Possible answers:**

Question: **Comment tu trouves Gérard Depardieu?**		
Opinions	Quantité	Pourcentages
génial	4	20 %
cool	5	25 %
intéressant	5	25 %
pas terrible	2	10 %
nul	4	20 %

Nom _____ Classe _____ Date _____

19 Chasse l'intrus
One of these phrases does not logically fit in the same category as the other three. Pick out the intruder and cross it off of each list.

1. J'adore faire du sport. C'est...
   cool.
   ~~nul.~~
   génial.
   super.

2. Comment tu trouves la géo?
   ~~C'est facile.~~
   C'est zéro.
   C'est pas terrible.
   C'est difficile.

3. J'aime les travaux pratiques. Et toi?
   Moi, non.
   Pas moi.
   Moi aussi.
   ~~Moi, si.~~

4. Faire de l'équitation, c'est...
   pas terrible.
   ~~pas mal.~~
   pas cool.
   pas intéressant.

5. C'est passionnant, le ski. Tu aimes?
   Oui beaucoup.
   Non, pas trop.
   Non, pas moi.
   ~~Moi non plus.~~

6. J'aime les langues. C'est cool, ...
   l'allemand.
   l'anglais.
   ~~les arts plastiques.~~
   le latin.

20 Tête-à-tête
Marcel and Claudine are talking to each other in the school cafeteria. Complete their conversation. **Answers will vary. Possible answers:**

Word bank: Moi aussi, Salut, passionnant, dix heures trente, tu as quoi, Bof, maintenant, Moi, non, à quelle heure, nul, la récré, Oui, beaucoup, génial, À demain, les devoirs

CLAUDINE _____Salut_____, Marcel. Ça va?

MARCEL Oui super! Dis Claudine, _____tu as quoi_____ le matin?

CLAUDINE J'ai arts plastiques et informatique. C'est _____passionnant_____. J'adore! Tu aimes l'informatique?

MARCEL _____Moi, non_____. Je n'aime pas l'informatique. C'est _____nul_____! Je préfère les sciences nat.

CLAUDINE Et l'anglais, tu aimes?

MARCEL Oui, c'est _____génial_____. Tu as anglais _____à quelle heure_____, toi?

CLAUDINE A treize heures.

MARCEL Et _____la récré_____, c'est à quelle heure?

CLAUDINE A _____dix heures trente_____.

MARCEL Ecoute, j'ai cours _____maintenant_____. Tchao!

CLAUDINE _____A demain_____, Marcel.

French 1 Allez, viens!, Chapter 2

21 Dans quel ordre? The following dialogue has been scrambled. Rewrite it in a logical order. **Order may vary. Possible order:**

— Comment s'appelle le prof?
— J'ai histoire à dix heures trente.
— C'est intéressant.
— Comment tu trouves le cours?
— Le mardi et le vendredi.
— Il s'appelle M. Dusable.
— Tu as histoire à quelle heure?
— Quels jours?

— Tu as histoire à quelle heure?
— J'ai histoire à dix heures trente.
— Quels jours?
— Le mardi et le vendredi.
— Comment tu trouves le cours?
— C'est intéressant.
— Comment s'appelle le prof?
— Il s'appelle M. Dusable.

22 Au lycée Imagine what five of these people are saying. Use a variety of the words you learned in this chapter. **Answers will vary. Possible answers:**

Example: M. Bonhomme : La géo, c'est intéressant.

1. Lætitia : J'ai chimie à quinze heures.
2. Benoît : Tu as quoi l'après-midi?
3. Etienne : J'aime la géo.
4. Saïd : La musique, c'est génial!
5. Elodie : L'école, c'est barbant.

Nom _____ Classe _____ Date _____

■ LISONS!

23 La rentrée des classes You overhear these comments in the school hallway. Tell whether they announce good news or bad news.

	Super!	Nul!
1. Tu as un examen aujourd'hui!		X
2. Nous avons l'après-midi libre!	X	
3. Le cours d'anglais est difficile.		X
4. Je trouve le cours d'histoire passionnant.	X	
5. Le prof de français est cool.	X	
6. L'informatique? C'est barbant.		X
7. Julie a 18 en maths.	X	
8. Ecoute! «Elève très doué et sérieux».	X	

24 A l'université

a. You have a summer job in a French university admission office. You've been asked to check a brochure that describes courses and gives their code numbers. The brochure has been misprinted. Most of the course titles are not showing. Read the course descriptions and write in the logical subject titles to the left of the course numbers.

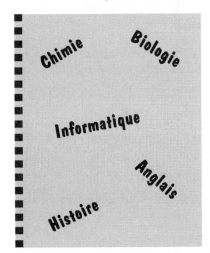

COURS		TITRE/DESCRIPTION
Mathématiques	2232	• Mathématiques financières. Intérêt.
Anglais	2110	• Shakespeare. Etudes de pièces représentatives.
Biologie	3315	• Plantes utilisées par l'homme.
Chimie	1955	• Etudes des principaux types de pollution. Visites des installations industrielles.
Histoire	2220	• La Chine de 1911 jusqu'à nos jours.
Informatique	2570	• Initiation à la programmation. Etude des langages C, C++, JAVA.

b. Among the courses offered here, which two would you take? Why? What course does not appeal to you, and why not? **Answers will vary. Possible answers:**

Example: J'aime Informatique 2570 parce que j'aime la programmation.

1. J'aime Mathématiques 2232 parce que j'aime bien l'algèbre.
2. J'aime Anglais 2110 parce que j'adore lire.
3. Je n'aime pas Histoire 2220 parce que c'est difficile.

■ PANORAMA CULTUREL

25 Dans quel ordre? Put the following in chronological order according to the French educational system by numbering them from one to six.

__2__ la quatrième __5__ le bac __4__ le lycée

__6__ l'université __1__ la sixième __3__ la troisième

26 Le bulletin scolaire Fill in the report card with comments you think teachers would make according to Rachid's grades. Use the words in the box. **Answers may vary. Possible answers:**

LYCEE DE LA BASTILLE		Nom : Rachid Boulaoui
Matières	Notes	Observations des professeurs
Chimie	12	Assez bien
Histoire	17	Excellent
Sciences	15	Bien
Anglais	9	Insuffisant
Philosophie	11	Moyen
Français	10	Pas très bien

27 Une carte de félicitations Your eighteen-year-old French friend showed you this card he or she received. **Answers may vary. Possible answers:**

1. Why do you think your friend received this card?

   to congratulate him or her on passing the

   baccalauréat exam

2. On what occasion would an American student be likely to receive a card like this?

   upon high school graduation

3. Why would your friend be pleased and excited to have passed the **bac**?

   It is a very difficult exam. He or she will be able to

   go on to a university.

CHAPITRE 3
Tout pour la rentrée

■ MISE EN TRAIN

1 Tout pour l'école   Circle the letter of the conversation that matches each picture.

1.

a. — Bonjour. Il me faut une calculatrice.
— Cette calculatrice-là?
— Oui.
— C'est 18€.

(b.) — Vous avez des classeurs?
— Oui. Là, au-dessous des cahiers.
— 3€ pour un classeur? C'est trop cher!

c. — Pardon, monsieur, les stylos, c'est combien?
— C'est 2,10€ les quatre stylos.
— Merci.

2.

a. — Mademoiselle, les crayons, c'est combien?
— Un crayon, c'est 33 cents.
— Et ce stylo-là?
— 1€.
— Bon, d'accord. Merci, mademoiselle.

b. — Alors, Constance. Tu aimes ce sac et cette calculatrice?
— Ah, non! Pas ce sac. Il est horrible! J'aime mieux ce sac-là.
— Oui, mais il est trop cher. 18€, ce n'est pas possible.
— Mais, Papa...

(c.) — Qu'est-ce qu'il te faut, Constance?
— Une calculatrice.
— Cette calculatrice-là, à 7,50€?
— Non, Papa! La calculatrice à 33€.
— Ah, non alors! 33€, c'est trop!

PREMIERE ETAPE

2 Mots croisés Use the school supplies from the list to complete the puzzle.

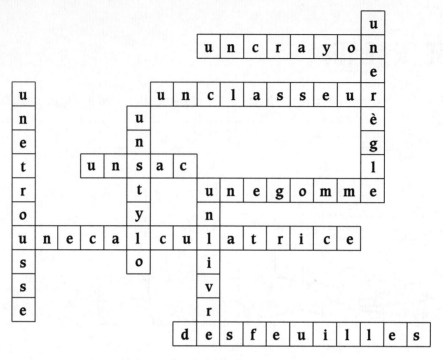

un sac   une règle   des feuilles
un stylo   un crayon   une calculatrice
un livre   une trousse
une gomme   un classeur

3 Désastre! You're working at a school supplies warehouse. A computer glitch has caused the inventory list to get scrambled. Unscramble the items and the number of each item and then list them under the correct category below.

1. ietzer ascroyn — **treize crayons**
2. traequna grlèse — **quarante règles**
3. gintv seuclsars — **vingt classeurs**
4. oeuzd mesmgo — **douze gommes**
5. pest soustres — **sept trousses**
6. enuf toslys — **neuf stylos**

Writing Tools	Organization Tools	Miscellaneous Supplies
stylos	trousses	gommes
crayons	classeurs	règles

4 Christophe et Annick

a. Christophe's desk is on the left and Annick's is on the right. Tell at least seven school supplies that each student has bought. Use **un**, **une**, or **des** before each item.

Christophe a...		Annick a...	
des livres	une règle	des livres	des crayons
un stylo	un classeur	des stylos	un classeur
un cahier	une trousse	un cahier	
un taille-crayon	une gomme	des feuilles de papier	
des feuilles de papier	un crayon	une calculatrice	

b. You want to borrow certain supplies from Christophe. Christophe wants to be helpful. Look at the picture showing his supplies to decide how he would answer your questions.

Example: Tu as un cahier, Christophe? <u>Oui, voilà.</u>
Tu as un feutre? <u>Non, je regrette. Je n'ai pas de feutre.</u>

1. Tu as un crayon? <u>Oui, voilà.</u>
2. Tu as un sac? <u>Non, je regrette. Je n'ai pas de sac.</u>
3. Tu as un stylo? <u>Oui, voilà.</u>
4. Tu as une feuille de papier? <u>Oui, voilà.</u>
5. Tu as une calculatrice? <u>Non, je regrette. Je n'ai pas de calculatrice.</u>
6. Tu as un taille-crayon? <u>Oui, voilà.</u>

5 Qu'est-ce qu'il te faut? Séverine's English teacher has given her a list of supplies she has to buy for her class. Her French-speaking mother is having difficulty reading the list. How will Séverine answer her mom's questions? **Answers will vary. Possible answers:**

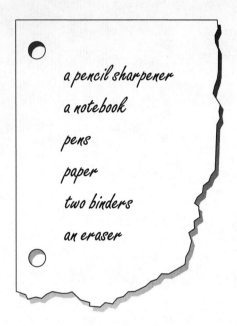

a pencil sharpener
a notebook
pens
paper
two binders
an eraser

Example: — Il te faut un sac?
— Non, mais il me faut un cahier.

1. Il te faut un livre?
   Non, mais il me faut un taille-crayon.

2. Il te faut des crayons?
   Non, il me faut des stylos.

3. Il te faut une calculatrice?
   Non, il me faut deux classeurs.

4. Il te faut une trousse?
   Non, il me faut une gomme.

5. Il te faut une règle?
   Non, il me faut des feuilles de papier.

6 Tout pour mes cours Make a list of supplies you need for four of your current classes. **Answers will vary. Possible answers:**

Example: Pour le français, il me faut un classeur, un livre et des feuilles.

1. Pour **les maths, il me faut une règle, une calculatrice, un crayon, un taille-crayon et un stylo.**

2. Pour **les arts plastiques, il me faut des crayons, des feuilles de papier, une règle, un taille-crayon et une gomme.**

3. Pour **la biologie, il me faut un livre, un classeur, des feuilles de papier et deux stylos.**

4. Pour **l'anglais, il me faut un classeur, des feuilles de papier et un stylo.**

DEUXIEME ETAPE

7 Le bon choix You're shopping for the new school year, and you know just what you want. Complete the conversations you have with the salesperson, using the correct articles.

Example: — Je voudrais <u>un</u> cahier.
— <u>Le</u> cahier vert?
— Non, <u>ce</u> cahier-là.

1. — Je voudrais <u>une</u> montre.
   — <u>La</u> montre blanche?
   — Non, <u>cette</u> montre-là.

2. — Je voudrais <u>un</u> crayon.
   — <u>Le</u> crayon jaune?
   — Non, <u>ce</u> crayon-là.

3. — Je voudrais <u>des</u> baskets.
   — <u>Les</u> baskets bleues?
   — Non, <u>ces</u> baskets-là.

4. — Je voudrais <u>un</u> ordinateur.
   — <u>L'</u> ordinateur gris?
   — Non, <u>cet</u> ordinateur-là.

8 Tes préférences You and your friend Martine are window-shopping. You don't always agree about what you like. Answer Martine's questions, saying that you prefer a different item.

Example: — Tu aimes ce portefeuille?
— Oui, mais j'aime mieux <u>ce portefeuille-là.</u>

1. — J'aime cette cassette. Et toi?
   — Moi, j'aime mieux <u>cette cassette-là.</u>

2. — Est-ce que tu aimes cet ordinateur?
   — Non, j'aime mieux <u>cet ordinateur-là.</u>

3. — Anne aime ce sac. Pas toi?
   — Moi si, mais je préfère <u>ce sac-là.</u>

9 L'arc-en-ciel Your art teacher is giving you a quiz on colors. He or she wants you to use what you've learned in your French class as well. Can you name the colors produced by the following combinations?

rouge + bleu = <u>violet</u>
rouge + blanc = <u>rose</u>
noir + blanc = <u>gris</u>
bleu + jaune = <u>vert</u>
rouge + jaune = <u>orange</u>

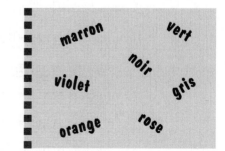

10 De quelle couleur? You're in charge of illustrating a French school newsletter. You've been asked to color the black and white illustrations based on the following instructions.

1. Le stylo est noir et rouge.
2. Le sac est marron.
3. Le crayon est orange.
4. Les livres sont verts et noirs.
5. La calculatrice est grise et noire.
6. La gomme est rose.
7. La feuille de papier est blanche.
8. Le cahier est jaune.
9. La règle est bleue.

11 Quel désordre! Your thoughts are all jumbled as you think about the new school year. Get organized by unscrambling the following sentences. **Order of answers may vary slightly, but adjectives must agree with nouns.**

1. voudrais/bleu/vertes./short/un/je/acheter/baskets/des/et

    Je voudrais acheter un short bleu et des baskets vertes.

2. tu/Paul/classeur/un/achètes/noir/trousse/grise./une/achète/mais

    Paul achète un classeur noir mais tu achètes une trousse grise.

3. Monique/la/adorent/blanche./cahier/et/Anne et Marie/aime/le/montre/blanc

    Monique aime le cahier blanc et Anne et Marie adorent la montre blanche.

12 Je voudrais... Write five things you would like to buy, using a word from each column. Start each sentence with **Je voudrais acheter**. Don't forget to make items and colors agree. **Answers will vary. Possible answers:**

une	cahiers	vert
un	baskets	bleu
des	sac	rouge
	tee-shirts	blanc
	trousse	violet
	montre	noir

1. **Je voudrais acheter des tee-shirts bleus.**
2. **Je voudrais acheter une trousse rouge.**
3. **Je voudrais acheter un sac blanc.**
4. **Je voudrais acheter une montre noire.**
5. **Je voudrais acheter des baskets blanches.**

Nom _____ Classe _____ Date _____

13 **Le portrait-robot** Read aloud description (**a**) to a partner, who will draw what you say in his or her workbook. Then as your partner reads description (**b**), draw what you hear in your workbook. Pay attention to details. Color the items or write in the names of the colors in French.

a. Sylvie a un short bleu, un tee-shirt rouge, un classeur vert et un sac à dos noir. Elle n'a pas de stylo mais elle a trois crayons bleus.

b. Marc n'a pas de sac à dos, mais il a une trousse grise. Il a un jean noir et un tee-shirt rouge et blanc. Il a aussi trois cahiers jaunes.

14 **Qui est-ce?** Write a description of one student in the class, telling what clothes and school supplies that person has. Don't forget to include colors and numbers. Read your description to the class to see who can guess which student you're describing.
Answers will vary. Possible answers:

Il a un jean noir et un tee-shirt bleu. Il a un cahier rouge, un stylo et un crayon jaune.

Il a des feuilles de papier mais il n'a pas de trousse. Il a trois livres : un livre de

français, un livre de maths et un livre d'histoire.

TROISIEME ETAPE

15 Papier Plume One of your duties as clerk at **Papier Plume** is to order items from a wholesale catalogue. You've noted the number of items you need near the pictures in the catalogue. Fill out the order form by entering the names of various items and the quantity to order. **Order may vary.**

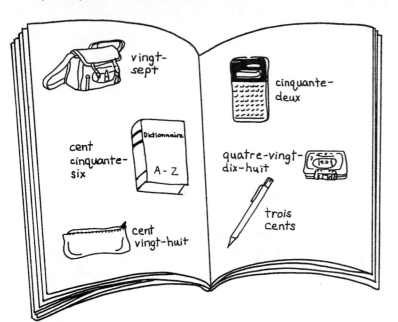

BON DE COMMANDE	
Articles	Quantité
sacs	27
dictionnaires	156
trousses	128
calculatrices	52
cassettes	98
stylos	300

16 Les nombres You've given your French friends a math puzzle to solve, and here are their responses. Write down their responses using numerals. **Order will vary.**

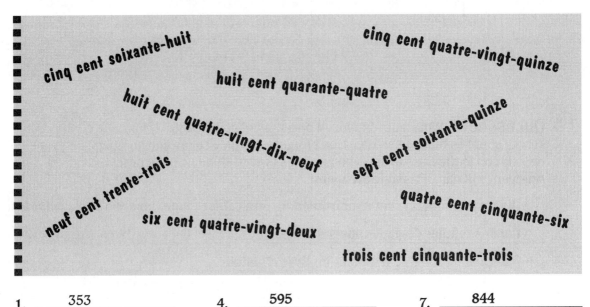

1. 353
2. 456
3. 568
4. 595
5. 682
6. 775
7. 844
8. 899
9. 933

17 Combien ça coûte?

a. You're working at **Papier Plume.** A customer calls to ask how much various items cost. Write out the prices as you would say them.

Example: — Un stylo, c'est combien?
— C'est deux euros quinze.

1. Et un taille-crayon? __C'est soixante-dix cents.__
2. Et une règle? __C'est deux euros vingt-cinq.__
3. Et un dictionnaire? __C'est trente-cinq euros quatre-vingt deux.__
4. Et une calculatrice? __C'est dix-sept euros trente-six.__
5. Et une trousse? __C'est cinq euros trente-sept.__
6. Et un cahier? __C'est un euro soixante-cinq.__

b. Now, your little sister and her friends ask you to help them buy their school supplies, but it's so noisy in the store that you can't hear everything they say. Fill in the blank before each item they mention. Then based on the prices shown above, help them calculate prices and write out how much money they'll need. **Answers may vary. Possible answers:**

Example: — Il me faut <u>un</u> dictionnaire et <u>une</u> calculatrice.
— Alors, il te faut <u>cinquante-trois euros dix-huit</u>.

1. — Il me faut ____une____ trousse et ____un____ classeur.
   — Alors, il te faut ____neuf____ euros quatre-vingt-cinq.
2. — Il me faut ____un____ stylo et ____un____ cahier.
   — Alors, il te faut ____trois____ euros ____quatre-vingts____.
3. — Il me faut ____une____ gomme et ____un____ taille-crayon.
   — Alors, il te faut ____un____ euro ____vingt____.
4. — Il me faut ____un____ classeur et ____deux____ cahiers.
   — Alors, il te faut ____sept____ euros ____soixante-dix-huit____.

18 La politesse You're spending the summer with a French family. Prove that you're ready to make a good first impression on your hosts.

a. First, unscramble the words and phrases below that you'll need to know when you go shopping together.

rdnopa	**pardon**
lpaîlsisuov't	**s'il vous plaît**
rvoiruae	**au revoir**
cierm	**merci**

b. Now, complete this conversation, using the expressions you've unscrambled.

— _____**Pardon**_____, monsieur.

— Les cassettes, c'est combien, _____**s'il vous plaît**_____ ?

— C'est 11,25 €.

— Bon, je voudrais cette cassette-là.

— Voilà.

— _____**Merci**_____, monsieur.

— A votre service.

— _____**Au revoir**_____, monsieur.

19 La montre parfaite You've seen a watch you really like in a store window. Write the conversation you'll have with the salesperson when you go in to purchase the watch. Include the following: greetings, a statement pointing out which watch you like, confusion about which watch you're pointing to, discussion of price, and goodbyes.

Answers will vary. Possible answers:

— **Bonjour, monsieur.**

— **Bonjour, mademoiselle.**

— **J'aime cette montre-ci.**

— **La montre blanche?**

— **Non, la montre noire. C'est combien?**

— **Cinquante euros.**

— **Je voudrais acheter cette montre.**

— **Voilà, mademoiselle.**

— **Merci, monsieur.**

— **A votre service, mademoiselle.**

Nom _____ Classe _____ Date _____

■ LISONS!

20 A la mode

a. Look carefully at the items pictured and then read the descriptions given below. Write the letter of the picture next to the appropriate description.

__d__ Pour la rentrée, 65% polyester et 35% coton pour tous les âges et tous les usages. Il est pratique pour porter vos livres et vos cahiers ou pour faire les magasins. Cet article fleuri est disponible en rouge. **24,75 €** dans les grands magasins.

a.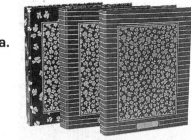

__b__ C'est un fourre-tout idéal pour l'école. Pratique et solide, elle peut contenir crayons, règles, stylos et compas. Existe en rouge et disponible dans les grands magasins. **7,35 €**.

b.

__a__ Multicolores à couverture rigide. Solides mais légers, ils peuvent contenir beaucoup de feuilles. Existent en bleu, rouge ou vert. Ils sont faciles à transporter dans votre sac. **5,25 €** seulement.

c.

__c__ Elégants et faciles à recharger, ils sont idéals pour l'élève ou l'étudiant qui aime écrire. **6,75 €**. Disponibles en rouge, vert et bleu.

d.

Four adapted photographs of Cacharel products from *Rentrée très classe à prix petits: Lafayette, Nouvelles Galeries.* **Reprinted by permission of Cacharel.**

b. Reread the ads above carefully and answer the following questions in English.
Answers may vary. Possible answers:

1. According to the ad, what items can the pencil case hold?
   pencils, rulers, pens, and compass

2. Which products are available in department stores?
   bags and pencil cases

3. In what colors are these two products available?
   red

4. What can you buy for 6,75€?
   one pen or one folder

Nom_____ Classe_____ Date_____

■ PANORAMA CULTUREL

21 Les monuments parisiens You're collecting information on some well-known Parisian monuments. Write out the numbers to tell how tall each monument is.

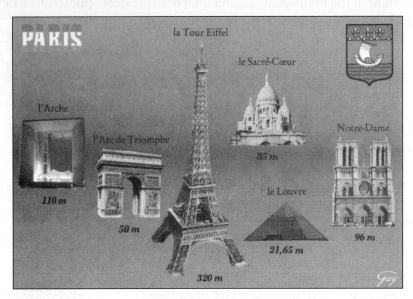

1. L'Arche fait _____cent dix_____ mètres.
2. L'Arc de Triomphe fait _____cinquante_____ mètres.
3. La tour Eiffel fait _____trois cent vingt_____ mètres.
4. Le Sacré-Cœur fait _____quatre-vingt-cinq_____ mètres.
5. La Pyramide fait ____vingt et un____ mètres ____soixante-cinq____ .
6. Notre-Dame fait _____quatre-vingt-seize_____ mètres.

22 L'euro You need to shop for school supplies at the **Librairie-Papeterie de la Fontaine**. Look at the price list to see what you'll pay in euros for your items, and calculate how much it'll cost you in dollars, based on the most current exchange rate. **Answers will depend on the exchange rate.**

LIBRAIRIE-PAPETERIE DE LA FONTAINE	
1 livre de français	18,00€
2 livres d'anglais	38,00€
1 règle	1,07€
100 feuilles de papier	1,20€
3 crayons	1,92€
5 stylos	6,00€

	En dollars
le livre de français	$_____
les livres d'anglais	$_____
la règle	$_____
les feuilles	$_____
les crayons	$_____
les stylos	$_____

Sports et passe-temps

■ MISE EN TRAIN

1 Un sondage Complete the following survey about what you do in your free time. **Answers will vary.**

1. Qu'est-ce que tu fais comme sport?
   - ☐ du ski nautique
   - ☐ du football américain
   - ☐ de la natation
   - ☐ de l'aérobic
   - ☐ autre *(other)* : _____

2. Qu'est-ce que tu aimes comme musique?
   - ☐ le rock
   - ☐ le rap
   - ☐ le country
   - ☐ le funk
   - ☐ autre : _____

3. Tu aimes aller où le week-end?
   - ☐ au cinéma
   - ☐ au théâtre
   - ☐ au concert
   - ☐ au cirque *(circus)*
   - ☐ autre : _____

4. Qu'est-ce que tu aimes faire pendant les vacances?
   - ☐ lire
   - ☐ faire du sport
   - ☐ regarder la télé
   - ☐ voyager
   - ☐ autre : _____

PREMIÈRE ÉTAPE

2 C'est le fun! How do you like these activities? Rate them according to the following scale. **Answers will vary.**

Beaucoup!

Comme ci comme ça.

Pas tellement.

Pas du tout!

_____ faire du ski   _____ faire de la vidéo
_____ faire du jogging   _____ faire le ménage
_____ lire   _____ faire du vélo
_____ sortir avec des copains   _____ voyager
_____ jouer au tennis   _____ jouer aux cartes
_____ faire du patin à glace   _____ étudier
_____ faire du théâtre   _____ jouer au volley

3 Vive le sport! Say that you like to do the following things, using **faire** or **jouer**.

1. J'aime __faire__ du sport.   5. J'aime __jouer__ au basket.
2. J'aime __jouer__ au tennis.   6. J'aime __jouer__ au golf.
3. J'aime __faire__ des photos.   7. J'aime __jouer__ au base-ball.
4. J'aime __faire__ du ski.   8. J'aime __faire__ du jogging.

4 Les stars! The new exchange student from Sénégal, Makim, is not familiar with some of these athletes. You're an avid sports fan and you're telling him what sports the following people like.

Example: Michael Jordan Il aime jouer au basket-ball.

1. Tiger Woods __Il aime jouer au golf__.
2. Monica Seles __Elle aime jouer au tennis__.
3. Tara Lipinski __Elle aime faire du patin à glace__.
4. Mia Hamm __Elle aime faire du football__.
5. Ken Griffey Jr. __Il aime jouer au base-ball__.
6. Emmit Smith __Il aime jouer au football américain__.
7. Eric Lindross __Il aime jouer au hockey__.
8. Jackie Joyner Kersee __Elle aime faire de l'athlétisme__.

5 Colonie de vacances You're attending a sports camp this summer. Write a letter to your friend telling him or her about your schedule and how much you like or dislike the activities you're doing. Write about at least four activities. **Answers will vary. Possible answers:**

Mon itinéraire	
8h00	natation
9h30	équitation
10h45	tennis
12h00	déjeuner
13h15	photo
14h00	libre
15h30	théâtre
16h00	volley

Cher/Chère _____

Le matin, j'ai natation à huit heures. J'aime beaucoup la natation. A neuf heures trente, j'ai équitation. Je n'aime pas tellement l'équitation. J'aime surtout le théâtre. C'est à quinze heures trente. Le volley, c'est à seize heures. C'est barbant!

6 On fait connaissance It's your first weekend with your Canadian family. Your host student asks you about your interests. Answer appropriately, using **Moi aussi** or **Pas moi**. **Answers will vary. Possible answers:**

Example: J'aime jouer au volley. Et toi? <u>Moi aussi, j'aime jouer au volley.</u>
or <u>Pas moi, mais j'aime jouer au tennis.</u>

1. J'aime faire du roller en ligne. Et toi? <u>Moi aussi, j'aime faire du roller.</u>
2. J'aime jouer au golf. Et toi? <u>Pas moi, mais j'aime jouer au volley.</u>
3. J'aime faire du jogging. Et toi? <u>Pas moi, mais j'aime faire de l'aérobic.</u>
4. J'aime jouer au foot. Et toi? <u>Moi aussi, j'aime jouer au foot.</u>
5. J'aime faire de la natation. Et toi? <u>Pas moi, mais j'aime faire du ski.</u>
6. J'aime faire de la vidéo. Et toi? <u>Pas moi, mais j'aime faire des photos.</u>

7 Un week-end ensemble Antoine and Anne-Marie are talking about their interests. Write what they're saying in a logical order.

— Oh, chouette! On fait du patin ce week-end!
— Est-ce que tu aimes faire de l'aérobic?
— Ah, oui! L'athlétisme, c'est super! Et le tennis, tu aimes ça?

— Non, pas tellement. J'aime surtout faire du patin à glace.
— Oui, mais je préfère l'athlétisme.

ANTOINE   Est-ce que tu aimes faire de l'aérobic?

ANNE-MARIE Oui, mais je préfère l'athlétisme.

ANTOINE   Ah, oui! L'athlétisme, c'est super! Et le tennis, tu aimes ça?

ANNE-MARIE Non, pas tellement. J'aime surtout faire du patin à glace.

ANTOINE   Oh, chouette! On fait du patin ce week-end!

8 Méli-mélo! Your new French pen pal who loves to play word games has written to ask you about different activities, but he has scrambled all his questions. Unscramble his questions so you can answer them.

1. au/jouer/tu/est-ce/aimes/que/foot?

   Est-ce que tu aimes jouer au foot?

2. faire/aimes/tu/du/jogging?

   Tu aimes faire du jogging?

3. adore/j'/au/base-ball./jouer//toi?/et

   J'adore jouer au base-ball. Et toi?

4. tu/jouer/au/golf?/mieux/tennis/au/est-ce/aimes/que/ou

   Est-ce que tu aimes mieux jouer au tennis ou au golf?

5. aimes/jeux/jouer/tu/des/vidéo?/à

   Tu aimes jouer à des jeux vidéo?

DEUXIEME ETAPE

9 La curiosité Your pen pal is curious about what American students do. Using some of the activities given below, tell him or her what you and your schoolmates do. Use the pronoun **on** in your sentences. **Answers will vary. Possible answers:**

jouer au basket, jouer au golf, étudier le français, étudier les maths, faire du sport, faire de l'équitation, nager, écouter de la musique

Example: On fait du sport.
1. On écoute de la musique.
2. On joue au golf.
3. On fait de l'équitation.
4. On étudie les maths.
5. On étudie le français.
6. On nage.

10 Devine! You're playing a game of charades with your French friends. You have to mime various activities for your team members who try to guess what the activities are. Unfortunately, you're not very good at miming. As your friends guess, tell them they've guessed wrong.

Example: Tu fais du jogging? Non, je ne fais pas de jogging.

1. Tu fais de l'équitation? Non, je ne fais pas d'équitation.
2. Tu joues à des jeux vidéo? Non, je ne joue pas à des jeux vidéo.
3. Tu fais de la natation? Non, je ne fais pas de natation.
4. Tu joues au tennis? Non, je ne joue pas au tennis.
5. Tu écoutes de la musique? Non, je n'écoute pas de musique.
6. Tu fais du roller en ligne? Non, je ne fais pas de roller.
7. Tu joues au football? Non, je ne joue pas au football.

11 On est sportif! Everyone you know is very athletic. Tell what the following people do, using the correct forms of **faire** and **jouer**.

1. Je **fais** du ski nautique et je **joue** au basket.
2. Annick et Emilie **font** du ski et elles **jouent** au tennis.
3. Marie et moi, nous **faisons** du jogging et nous **jouons** au volley.
4. Tu **joues** au base-ball et tu **fais** aussi de l'athlétisme.
5. Marie **joue** au foot et elle **fait** de l'aérobic.
6. Vous **faites** du patin à glace et vous **jouez** au football américain.

French 1 Allez, viens!, Chapter 4

12 En quelle saison? Here are the dates of some Canadian holidays. In which season does each one fall? You might want to do some research to find out what is celebrated on each of these dates.

	en été	en automne	en hiver	au printemps
1. le 1er janvier			X	
2. le 1er août	X			
3. le 23 mai				X
4. le 10 octobre		X		
5. le 11 novembre		X		
6. le 6 janvier			X	
7. le 25 décembre			X	
8. le 1er juillet	X			

13 Quand ça? Sarah's Canadian pen pal Jules wrote her a postcard from Quebec. Unfortunately, it rained on the postcard, and now Sarah can't read the seasons Jules mentions. Read the postcard and fill in the seasons. **Answers may vary. Possible answers:**

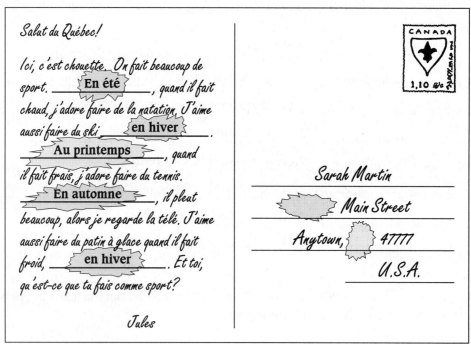

Salut du Québec!

Ici, c'est chouette. On fait beaucoup de sport. __En été__, quand il fait chaud, j'adore faire de la natation. J'aime aussi faire du ski __en hiver__. __Au printemps__, quand il fait frais, j'adore faire du tennis. __En automne__, il pleut beaucoup, alors je regarde la télé. J'aime aussi faire du patin à glace quand il fait froid, __en hiver__. Et toi, qu'est-ce que tu fais comme sport?

Jules

Sarah Martin
_____ Main Street
Anytown, _____ 47777
U.S.A.

14 Les quatre saisons Your French pen pal is planning to visit and wants to know what weather to expect. For each season, describe the weather where you live. **Answers will vary. Possible answers:**

1. En été, __il fait chaud et il ne pleut pas.__
2. En automne, __il fait frais mais il ne fait pas froid.__
3. En hiver, __il neige et il fait froid.__
4. Au printemps, __il fait frais et il pleut.__

15 De bonnes résolutions This is your sports schedule for this week. Write five statements about it, including days of the week. **Answers will vary. Possible answers:**

Example: Je joue au foot lundi.

été

L	M	M	J	V	S	D
9-12 h	18-20 h	9-12 h	18-20 h	13-17 h	10-15 h	13-17 h
18-20 h		18-20 h		18-20 h	11-16 h	11-16 h

1. Je ne joue pas au tennis dimanche.
2. Je joue au golf vendredi et dimanche.
3. Je joue au foot lundi, mercredi et vendredi.
4. Je fais du vélo samedi.
5. Je ne joue pas au volley mercredi.

16 Qu'est-ce que tu fais? Use words from the following columns to write six sentences about what you do or don't do at various times of the year. **Answers will vary. Possible answers:**

	il pleut	faire de la natation
Au printemps	il fait beau	faire du jogging
En été	il fait froid	faire du ski
En hiver	il fait chaud	regarder la télé
En automne	il neige	jouer au volley
	il fait frais	jouer à des jeux vidéo

Example: En automne, quand il fait frais, je fais du jogging.

1. Au printemps, quand il pleut, je regarde la télé.
2. En hiver, quand il fait froid, je ne fais pas de natation.
3. En été, quand il fait chaud, je ne fais pas de ski.
4. En hiver, quand il neige, je fais du ski.
5. En été, quand il fait beau, je fais de la natation.

17 Qu'est-ce qu'on fait? You're writing your pen pal to let him or her know what you and your friends do and don't do throughout the year. Use the pictures as a guide and include specific months. **Answers will vary. Possible answers:**

Example: En janvier, quand il fait froid, nous jouons au hockey. Nous ne faisons pas de vélo.

En mars, quand il pleut, nous regardons la télé. Nous ne faisons pas de photos.

En mai, quand il fait beau, nous jouons au tennis. Nous ne faisons pas de patin à glace.

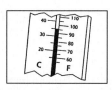

En août, quand il fait chaud, nous faisons de la natation. Nous ne faisons pas de ski.

En janvier, quand il neige, nous faisons du ski. Nous ne jouons pas au volley.

18 Une petite annonce Prepare an ad to find a French-speaking pen pal. Describe what you like to do throughout the year. **Answers will vary.**

Example: Le soir, j'aime regarder la télé. Quand il fait froid, en janvier, je fais du ski. En vacances, j'aime la plage...

TROISIÈME ÉTAPE

19 Les cousins Paul is a pessimist and reacts negatively to all suggestions. Séka is always happy about everything. Decide who is making each of the following remarks.

> C'est nul. Allons-y! Bonne idée. C'est génial. C'est cool. C'est barbant. Ça ne me dit rien. Désolé, mais je ne peux pas.

Paul	Séka
C'est nul.	Bonne idée.
C'est barbant.	Allons-y!
Ça ne me dit rien.	C'est cool.
Désolé, mais je ne peux pas.	C'est génial.

Paul

Séka

20 Une enquête

a. A French-Canadian magazine is taking a survey of what American teenagers do in their free time. Place a check mark in the appropriate column to indicate how often you do the following things. **Answers will vary.**

Est-ce que tu...	jamais	rarement	quelquefois	souvent
écoutes de la musique?				
étudies le français?				
fais du ski?				
danses?				
regardes la télé?				
joues au volley?				

b. Now, write five statements telling how often you do certain things. Use the activities in the chart above or substitute others. Use each of the words and phrases given below only once. **Answers will vary. Possible answers:**

> de temps en temps   une fois par semaine   souvent   ne... jamais   rarement

1. J'étudie le français de temps en temps.
2. Je fais souvent du patin.
3. Je regarde rarement la télé.
4. Je ne joue jamais au volley.
5. Je joue au tennis une fois par semaine.

21 Et Christian? Write five statements about how often Christian does an activity, based on his schedule. **Answers will vary. Possible answers:**

Example: Il fait de l'aérobic de temps en temps.

Lundi	Mardi	Mercredi	Jeudi	Vendredi	Samedi	Dimanche
			1 basket	2 tennis	3	4 vidéo
5 tennis	6	7 hockey	8	9 hockey	10 jogging	11
12 tennis	13 volley	14	15 foot	16 hockey	17 jogging	18
19 tennis	20 natation	21	22 aérobic	23 danse	24 vidéo	25
26 tennis	27 basket	28 hockey	29	30		

1. Il fait de la natation de temps en temps.
2. Il joue souvent au hockey.
3. Il joue au tennis une fois par semaine.
4. Il fait de la vidéo quelquefois.
5. Il fait du jogging de temps en temps.

22 Jamais de la vie! You've found the perfect baby-sitting job that pays well. The parents told you to keep their nine-year-old son busy and to make sure he has a good time. You try to have a conversation with the child, but he makes a point of answering all your questions negatively, using **jamais** all the time. How would he answer these questions?

Example: Est-ce que tu joues au golf? Non, je ne joue jamais au golf!

1. Est-ce que tu fais du roller? Non, je ne fais jamais de roller!
2. Est-ce que tu regardes la télé? Non, je ne regarde jamais la télé!
3. Est-ce que tu joues au base-ball? Non, je ne joue jamais au base-ball!
4. Est-ce que tu fais du patin? Non, je ne fais jamais de patin!
5. Est-ce que tu fais des photos? Non, je ne fais jamais de photos!

23 Tu viens? Create a conversation between you and your friend in which you try to decide what to do together. You propose things to do and your friend accepts or turns down your suggestions. **Answers will vary.**

Nom _____ Classe _____ Date _____

■ LISONS!

Lac Beauport

Super!
Une oasis de verdure et de plein air en toute saison.

A 15 minutes de Québec

Activités plein air :
familles et groupes : golf, voile, natation, équitation, bicyclette, promenade en carriole, patinage, ski acrobatique.

Centre de ski :
ski alpin, ski de fond, jour et soir, école de ski, location.

24 **Qu'est-ce qu'on peut faire?** If you spent your vacation at **Lac Beauport**, which of the following activities would you be able to do? Check **oui** for the activities that are available and **non** for those that aren't offered.

	oui	non			oui	non
1. golf	✔		6. swimming	✔	
2. tennis		✔	7. horseback riding	✔	
3. snow skiing	✔		8. aerobics		✔
4. skating	✔		9. soccer		✔
5. drama		✔	10. baseball		✔

25 **Des vacances à Beauport** You're getting ready to spend your vacation in Quebec. Read the brochure for **Lac Beauport** and answer the following questions. **Answers may vary. Possible answers:**

1. Is **Lac Beauport** only a winter resort? Why or why not?
   no: activities offered for all seasons

2. Can you learn to ski at **Lac Beauport**? How do you know?
   yes: "école de ski"

3. Can you ski only during the day? How do you know?
   no: "jour et soir"

4. What kinds of water sports does the resort offer?
   sailing and swimming

5. How far is **Lac Beauport** from Quebec?
   15 minutes

PANORAMA CULTUREL

26 La météo You've been asked to make a weather map including the current temperatures in some francophone cities. Your data is from a French newspaper in degrees Celsius. To convert Celsius to Fahrenheit, multiply the number by 9/5 and add 32. First do the conversion in the blanks below the map. Then locate the cities on the map and write in their names and the temperatures. **Answers may vary by one degree.**

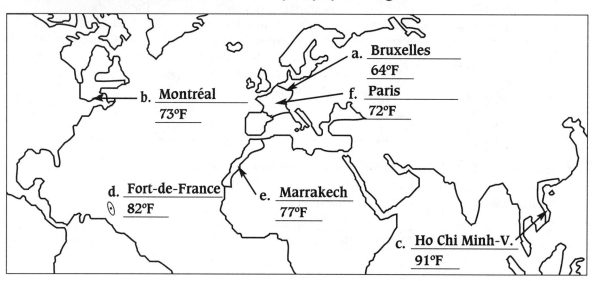

a. Bruxelles (Belgique) : 18°C __64°F__

b. Montréal (Canada) : 23°C __73°F__

c. Ho Chi Minh-Ville (Viêt-nam) : 33°C __91°F__

d. Fort-de-France (Martinique) : 28°C __82°F__

e. Marrakech (Maroc) : 25°C __77°F__

f. Paris (France) : 22°C __72°F__

27 Une carte postale While vacationing in Quebec, you take time to write a postcard to a friend who doesn't speak French. Write in English, telling a little about what you've noticed and learned about the province of Quebec. **Answers will vary.**

CHAPITRE 5 — On va au café?

■ MISE EN TRAIN

1 Vous désirez? Look at the pictures below and choose the appropriate content for each of the speech bubbles.

1. a. Vous avez des hamburgers?
   b. C'est combien, un hot-dog?
   c. Qu'est-ce que vous avez comme jus de fruit?

2. **a.** Qu'est-ce que vous avez comme sandwiches?
   b. Vous avez des steaks-frites?
   c. Qu'est-ce que vous prenez?

3. a. Je vais prendre une limonade.
   b. La carte, s'il vous plaît.
   c. Je vais prendre un croque-monsieur.

1. a. Un hot-dog, s'il vous plaît.
   b. Un croque-monsieur, s'il vous plaît.
   c. Un chocolat, s'il vous plaît.

2. **a.** Je vais prendre un sandwich au jambon.
   b. Une eau minérale, s'il vous plaît.
   c. Apportez-moi une glace.

3. a. Un jus de pomme, s'il vous plaît.
   b. Un steak-frites, s'il vous plaît.
   c. Je vais prendre un croque-monsieur.

Nom_____ Classe_____ Date_____

PREMIERE ETAPE

2 Chasse l'intrus Circle the word or phrase in each group that does not belong.

1. ... On va au café?
   J'ai soif.
   J'ai faim.
   (C'est super!)

2. J'ai soif. Je prends...
   un chocolat.
   un jus d'orange.
   (un croque-monsieur.)

3. J'ai faim. Je prends...
   un croque-monsieur.
   (une limonade.)
   une crêpe.

4. On prend un sandwich...
   au saucisson.
   (aux frites.)
   au jambon.

5. — On va au café?
   — (Merci.)
   — Allons-y!
   — Bonne idée!

6. Désolée,...
   (je prends un coca.)
   j'ai des trucs à faire.
   ça ne me dit rien.

3 Les mots cachés Can you find 13 words or phrases having to do with foods and beverages served in French cafés? Circle each word or phrase you find.

```
C R O Q U E M O N S I E U R  H V D O L
K M D I R T E J D A Q T M O  J L L I L
L O S A U C I S S O N U G C  U N N A T
C A U S S H E T I M A N O T  S L P O U
F A O T C O T T E H A S A N D W I C H
L A C T I U S F E F O T G U  E L L I O
C H J U S D O R A N G E S T  P O I T T
H A N T O R R O L T A A L I  O O T D D
O J I S F A L M U Q U K R A  M P U T O
C I M O U L O A T C A F E L  M A T R G
O S O C R I T G O T E R T O  E S I A N
L I M O N A D E U C H I C A  N T S O T
A A N C I L O R S O A T O O  T S A S I
T N O A L E A U M I N E R A L E T I E
A G U E R S V E O L L S I A  Z E W A T
```

4 Faim ou soif? Tell whether your friends are hungry or thirsty, according to what they're having or what's recommended. Use the correct forms of the verb **avoir**.

1. Michèle _____**a soif**_____. Elle prend un coca.
2. Paul et Marc _____**ont faim**_____. Ils prennent des sandwiches.
3. J'_____**ai soif**_____. Je prends un jus d'orange.
4. Nous _____**avons faim**_____. Nous prenons des frites.
5. Tu _____**as faim**_____, André? Prends un croque-monsieur!
6. Vous _____**avez soif**_____, non? Alors, prenez un jus de pomme!

Nom_____ Classe_____ Date_____

5 Qu'est-ce qu'on prend? Cathy and her host family are at a café. She's trying to figure out what everyone is going to order to avoid confusing the server. Complete their conversation with the correct forms of the verb **prendre**.

CATHY   Est-ce que Paul __prend__ un jus d'orange?

JULIE   Oui, mais Marie et moi, nous __prenons__ des limonades.

CATHY   Bon. Julie et Marie __prennent__ une limonade. Et vous, Monsieur Dubois, vous __prenez__ un café, n'est-ce pas?

M. DUBOIS   Oui, oui. Et je __prends__ aussi un croque-monsieur.

CATHY   Et toi, Pauline, tu __prends__ un coca?

PAULINE   Non, je __prends__ un jus de pomme.

CATHY   Madame, s'il vous plaît!

6 Une visite A friend is staying with you this weekend. For each of your friend's statements, make a suggestion to keep your guest happy and entertained. **Answers will vary. Possible answers:**

Example: J'aime les jus de fruit. <u>On prend un jus d'orange?</u>

1. J'ai soif. <u>On prend une limonade?</u>
2. J'aime Monday Night Football®. <u>On regarde la télévision?</u>
3. J'adore la musique. <u>On écoute la radio?</u>
4. J'ai faim. <u>On prend une pizza?</u>
5. J'aime faire du sport. <u>On joue au tennis?</u>
6. Il me faut un jean et un portefeuille. <u>On fait les magasins?</u>

7 Et toi? Suggest to your friends seven things to do this week. Include a day or a time in each suggestion. **Answers will vary. Possible answers:**

Example: <u>On joue au tennis mardi à six heures?</u>

1. <u>On fait du vélo à dix heures?</u>
2. <u>On va au café samedi?</u>
3. <u>On regarde la télé jeudi?</u>
4. <u>On fait les magasins vendredi?</u>
5. <u>On écoute de la musique à onze heures trente?</u>
6. <u>On joue au basket mercredi soir?</u>
7. <u>On va au concert dimanche?</u>

CHAPITRE 5 Première étape

French 1 Allez, viens!, Chapter 5   Cahier d'activités, Teacher's Edition

Copyright © by Holt, Rinehart and Winston. All rights reserved.

8 La barbe! The French exchange student Claire, who's living with you and your family, wants to go to the mall. Give her five reasons why you can't possibly go. **Answers may vary. Possible answers:**

1. Je ne peux pas parce que j'ai des trucs à faire.
2. Désolé(e), j'ai des devoirs à faire.
3. C'est barbant!
4. J'ai des tas de choses à faire.
5. Ça ne me dit rien.

9 Une bande dessinée Look at the picture and try to guess what the people are ordering, based on what they're thinking. Use complete sentences. **Answers may vary. Possible answers:**

DIDIER   Je prends une limonade.
MINH   Je prends un croque-monsieur.
PAUL   Je prends une pizza et un coca.
MAMADOU   Je prends un steak-frites.
NABIL   Je prends un sandwich au fromage.

DEUXIÈME ÉTAPE

10 Qui parle? To see if you're ready to travel to France, your parents have decided to test your language skills in a restaurant. Read the following statements or questions and decide who would be more likely to say each one, the server or the customer.

	serveur	client(e)
1. Vous avez des frites?		✔
2. La carte, s'il vous plaît.		✔
3. Désolé, nous n'avons pas d'escargots.	✔	
4. Je prends une limonade.		✔
5. Vous prenez?	✔	
6. Qu'est-ce que vous avez comme boissons?		✔

11 Méli-mélo Put the following conversation between Marie-Laure and a server in the correct order by numbering the lines.

_4_ LA SERVEUSE Nous avons des jus d'orange et des jus de pomme.

_2_ LA SERVEUSE Oui?

_3_ MARIE-LAURE Qu'est-ce que vous avez comme jus de fruit?

_1_ MARIE-LAURE Madame, s'il vous plaît!

_5_ MARIE-LAURE Bon. Je voudrais un jus d'orange, s'il vous plaît.

12 Quelle cacophonie! You're eating at a restaurant where the music is so loud it's difficult to hear what people are saying. Fill in the missing words.

carte, comme, voudrais, fromage, glace, boisson, sandwiches, prendre, apportez, choisi

— Madame, la ___carte___, s'il vous plaît!

— Vous avez ___choisi___?

— Non. Qu'est-ce que vous avez ___comme___ sandwiches?

— Des ___sandwiches___ au jambon et au ___fromage___.

— Bon. Je vais ___prendre___ un steak-frites. Et comme ___boisson___, je ___voudrais___ de l'eau minérale. Et ___apportez___-moi aussi une ___glace___ comme dessert, s'il vous plaît.

13 On s'organise You're asking all your friends to bring something to your party. Tell them what to bring, using the appropriate command forms of the verb **apporter**.

1. Sylvie, _____apporte_____ une guitare.
2. Marc et Philippe, _____apportez_____ des disques compacts.
3. Toi, Annick, _____apporte_____ du coca.
4. Marie et Louise, _____apportez_____ des sandwiches.
5. Toi, Pierre, _____apporte_____ des cassettes.
6. Et Monique, _____apporte_____ de la glace.

14 Monsieur, s'il vous plaît! You're putting together a book of useful phrases for tourists. List five ways to order various items at a restaurant. **Answers will vary. Possible answers:**

1. Je vais prendre un croque-monsieur.
2. Je voudrais un steak-frites.
3. Donnez-moi une pizza, s'il vous plaît.
4. Apportez-moi un jus de pomme, s'il vous plaît.
5. Des escargots, s'il vous plaît.

15 Le baby-sitting You're baby-sitting your French neighbor's children. Tell them what to do at certain times using official time. Use the **tu** or **vous** command form and write out the specific time you want them to do each activity. **Times will vary. Possible answers:**

Example: Marcel (écouter de la musique) Ecoute de la musique à seize heures.

1. Marcel et Sophie (faire les devoirs de maths)
   Faites les devoirs de maths à dix-sept heures.

2. Marcel et Sophie (étudier le français) Etudiez le français à dix-huit heures trente.

3. Sophie (regarder la télé) Regarde la télé à dix-neuf heures.

4. Marcel et Sophie (prendre des sandwiches) Prenez des sandwiches à vingt heures.

5. Marcel (faire le ménage) Fais le ménage à vingt heures vingt-cinq.

16 Qui dit quoi? Look carefully at the picture and decide what the various people are saying. **Answers may vary. Possible answers:**

17 Au café You've just arrived in Paris on your first trip to France and your host family takes you to a café. You were too excited about the trip to eat anything on the plane, but now you're famished! Write the conversation you have with the server at the café. Be sure to ask for the menu, ask what kind of food and drinks they have, and order. **Answers will vary. Possible answers:**

— J'ai très faim! Excusez-moi, monsieur! La carte, s'il vous plaît!

— Vous avez choisi?

— Euh, non. Qu'est-ce que vous avez comme sandwiches?

— Nous avons des sandwiches au jambon, au saucisson, au fromage...

— Apportez-moi un sandwich au jambon et un steak-frites, s'il vous plaît.

   Et qu'est-ce qu'il y a à boire?

— Nous avons de l'eau minérale, du coca et du jus d'orange.

— Je voudrais un coca, s'il vous plaît.

Nom _____ Classe _____ Date _____

■ TROISIEME ETAPE

18 **Une enquête**   In your health class, someone's conducting a survey of eating habits. Answer the survey by checking the appropriate adverb to tell how often you have each food or beverage. Add two items of your choice. **Answers will vary.**

	souvent	quelquefois	rarement	jamais
des escargots				
une omelette				
des frites				
un croque-monsieur				
une quiche				
un sandwich				
une glace				

19 **De bonnes raisons**   Write a sentence telling how often you order various foods or beverages in restaurants and give a different reason for each choice. **Answers will vary. Possible answers:**

Example: Je ne prends jamais de frites parce que c'est dégoûtant.

1. Je prends rarement des frites parce que c'est pas bon.
2. Je prends souvent une limonade parce que c'est bon.
3. Je ne prends jamais d'escargots parce que c'est dégoûtant.
4. Je prends rarement un sandwich au jambon parce que c'est pas terrible.
5. Je prends souvent un chocolat parce que c'est délicieux.

20 **A ton avis,...**   An exchange student is asking you what foods and beverages he or she should or shouldn't try while in the United States. Give your opinion, using various adjectives in your answers. **Answers will vary. Possible answers:**

Example: Et le «pumpkin pie», c'est bon?   Oui, c'est délicieux.

1. Et les «enchiladas»? Oui, c'est bon.
2. Et le «chili»? Non, c'est pas terrible.
3. Et les «pancakes»? Oui, c'est délicieux!
4. Et le brocoli? Non, c'est dégoûtant!
5. Et le cheddar? Oui, c'est bon.
6. Et le «root beer»? Oui, c'est super!

Nom _____ Classe _____ Date _____

21 Tes préférences
Your host family wants to know what you like and don't like so they can plan meals accordingly. Write six sentences expressing your opinions, using words from each box. **Answers will vary. Possible answers:**

J'adore J'aime bien Je déteste Je n'aime pas	l'omelette les crêpes la quiche la limonade les escargots les hot-dogs le citron pressé	bon excellent délicieux pas bon pas terrible dégoûtant

1. J'adore l'omelette; c'est délicieux.
2. J'aime bien les crêpes; c'est bon.
3. Je déteste les escargots; c'est dégoûtant.
4. Je n'aime pas les hot-dogs; c'est pas bon.
5. J'adore la limonade; c'est excellent.
6. Je n'aime pas le citron pressé; c'est pas terrible.

22 Questions-réponses
Match each question on the left with the correct answer on the right.

1. L'addition, s'il vous plaît.   __8__ a. Très bien, et toi?
2. Ça fait combien?   __6__ b. Pas tellement.
3. On va au café?   __5__ c. Pas terrible.
4. Vous prenez?   __7__ d. Quinze ans.
5. Comment tu trouves le café?   __3__ e. Désolé, je ne peux pas.
6. Tu aimes les frites?   __1__ f. Oui, tout de suite.
7. Tu as quel âge?   __2__ g. Quarante euros.
8. Comment ça va?   __4__ h. Un coca, s'il vous plaît.

23 Avant de partir
You're about to leave a café, but you still have to ask for the check and pay it. Imagine your conversation with the server. **Answers will vary. Possible answers:**

TOI   Monsieur! L'addition, s'il vous plaît!
LE SERVEUR Oui, tout de suite... Ça fait douze euros.
TOI   Voilà.
LE SERVEUR Merci, au revoir.
TOI   Au revoir, monsieur.

24 C'est combien? A customer forgot his glasses and is asking the waiter how much some items on the menu cost. Write out the waiter's answers.

Example: C'est combien, un café? C'est un euro cinquante.

1. Et un chocolat? __C'est deux euros cinquante.__
2. Et un steak-frites? __C'est cinq euros.__
3. Et un jus de pomme? __C'est deux euros.__
4. Et un croque-monsieur? __C'est trois euros cinquante.__
5. Et un sandwich au saucisson? __C'est trois euros.__

25 Une scène au café First, look at the two pictures below and try to imagine the conversations taking place. Then write the conversation for both of the illustrations in the spaces provided below. You might use the menu in Activity 24 for items and prices. **Answers will vary. Possible answers:**

1.

2.

1. a. __Vous avez choisi?__
   b. __Un sandwich au fromage et un coca, s'il vous plaît.__
   c. __Et moi, un croque-monsieur et une limonade.__

2. a. __Comment tu trouves le hamburger?__
   b. __Dégoûtant! Comment tu trouves le sandwich?__
   c. __Délicieux!__

LISONS!

26 Suivez le guide!

Le Fun Lunch
★★ Des sandwiches pour tous les goûts, sur pita, pain de campagne ou pain de mie, chauds ou froids. Notre favori : jambon cru, mozzarella, basilic et tomates à l'huile d'olive. 4,50 € sur place, 5,20 € emporté ou livré.
62, rue Fontaine-au-Roi, Paris 11e, tél. : 01.38.26.19.20

King Sandwich
★★★ Un snack-bar élégant et calme près du centre-ville agité, où on peut choisir de délicieux sandwiches frais pour l'été, par exemple : au saumon fumé, aux crevettes, aux crudités, au fromage de chèvre avec des noix. De 2,70 € à 4,80 €.
15, rue des Pingouins, Paris 13e, tél. : 01.27.16.49.06
Fermé le samedi et le dimanche

---

a. You're touring France with your family, and you're the only one who understands French. Help your family decide where to go for lunch by indicating which of the two restaurants fits the following descriptions.

	Le Fun Lunch	King Sandwich
has delicious summer sandwiches		✔
mentions three types of breads	✔	
has both hot and cold sandwiches	✔	
describes one sandwich	✔	
describes four sandwiches		✔
is closed on weekends		✔
offers carry-out or delivery	✔	
is located in a busy area		✔
describes a ham sandwich	✔	

b. Reread the ads carefully and answer the following questions. **Answers will vary. Possible answers:**

1. Why do you think a French restaurant would have an American name?
   To create greater interest, like commercials done in French on American TV.

2. About how much would you pay in American dollars if you bought a carry-out sandwich at **Le Fun Lunch**? **Answers will vary according to current exchange rate.**

3. Can you guess what **huile d'olive** means?
   Huile d'olive: olive oil.

4. Which restaurant would you choose and why? **Answers will vary.**

PANORAMA CULTUREL

27 Français ou américain?

a. Choose four foods that you believe are typically American and four that are typically French.

American
1. barbecue
2. hamburgers
3. hash browns
4. pancakes

French
1. escargots
2. soufflé
3. crêpes
4. croissants

b. Based on what you know about French foods, restaurants, and eating habits, what would you need to tell a French exchange student about American eating and restaurant habits? Answer in English. **Answers will vary. Possible answers:**

1. There are few cafés.
2. There are a lot of fast-food restaurants.
3. Tips are usually not included in food prices.
4. Meals don't last as long as in France.
5. Being a server is not considered a professional occupation.

c. You've finished eating at a French restaurant whose menu indicates **Service compris.** You pay your bill and leave a 15% tip on the table. Your server thanks you several times. Why is he or she so pleased?

I have double-tipped the server. The tip was already included in the bill.

d. France is famous for its food. Can you think of French dishes, other than those in the box above, that are commonly served in American restaurants? **Answers will vary.**

CHAPITRE 6

Amusons-nous!

MISE EN TRAIN

1 Une copine française   You'd like to get together with a French friend you met recently. Look at the picture of her room. Based on what she has in her room, decide if she is more likely to answer **oui** or **non** to your suggestions.

		oui	non
1.	Allons au musée!		X
2.	Tu veux aller au cinéma?	X	
3.	Tu veux jouer au foot?		X
4.	On peut jouer au tennis!	X	
5.	Un concert, ça te dit?	X	
6.	On fait des photos?	X	
7.	On écoute de la musique?	X	

2 Vive le week-end!   Isabelle and Mathieu are making plans for the weekend. Put their conversation in the correct order by writing the number of each sentence or question in the correct bubble.

Isabelle :

1. Qu'est-ce que tu veux voir comme film?
2. Tu veux aller au cinéma?
3. Qu'est-ce que tu vas faire demain, Mathieu?

Mathieu :

4. D'accord.
5. Pas grand-chose. Je suis libre le soir.
6. Un film d'horreur.

PREMIERE ETAPE

3 Casse-tête Find eight words hidden in this puzzle that refer to places you might go to. Write the words in the blanks provided. **Order may vary.**

```
B I R B L I O T C
E H E C O L E Q I
F U S T A D I E N
E C T H E A T R E
C E A N T R E C M
S M U S E E O M A
I M R E R C I A L
P L A G E P Z O O
C M N A I S O O N
D S T P A R C S O
```

école
théâtre
plage
musée
zoo
restaurant
cinéma
parc

4 Ton calendrier Make your plans for the week, using this calendar. Write in the days of the week and what you plan to do on each day. Use a variety of activities. **Answers will vary.**

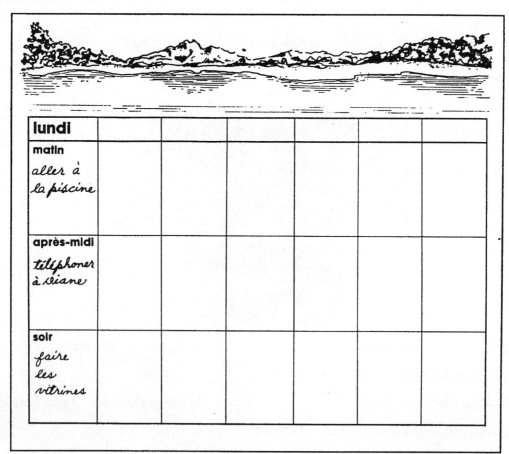

	lundi						
matin	aller à la piscine						
après-midi	téléphoner à Diane						
soir	faire les vitrines						

5 Qu'est-ce que tu vas faire? Your French pen pal Adrienne has written to ask what you're going to do this week. Answer her letter, telling her what activities you plan to do from Tuesday through Sunday. Also, tell her two things you're not going to do. **Answers will vary. Possible answers:**

Example: Lundi, je vais aller à l'école. Je ne vais pas nager.

> Chère Adrienne,
> Mardi, je vais manger au café avec des amis.
> Mercredi, je vais danser. Je ne vais pas étudier.
> Jeudi, je vais téléphoner à Michael.
> Vendredi, je vais aller à la bibliothèque.
> Samedi, je ne vais pas aller à l'école. Je vais aller au zoo.
> Dimanche, je vais regarder un film à la télé.

6 On ne s'entend pas! It's too noisy at the café, so you can't hear your friends tell where they're going. Complete each sentence with the correct preposition, **à la** or **au**, and a logical destination.

Example: On va faire les vitrines <u>au centre commercial.</u>

1. On va lire <u>à la bibliothèque</u>.
2. On va voir une pièce <u>au théâtre</u>.
3. On va faire un pique-nique <u>au parc</u>.
4. On va nager <u>à la piscine</u>.
5. On va voir les sculptures de Rodin <u>au musée</u>.
6. On va voir les lions <u>au zoo</u>.

7 En vacances à Paris Al's friend Joanne just arrived in Paris with her French class. She sent Al a postcard telling what they're going to do there. Unfortunately, it rained on the postcard and some words were smudged. Fill in the blanks with the correct forms of the verb **aller**.

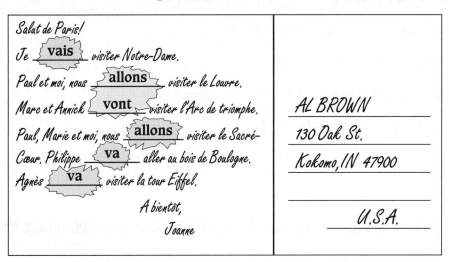

Salut de Paris!
Je **vais** visiter Notre-Dame.
Paul et moi, nous **allons** visiter le Louvre.
Marc et Annick **vont** visiter l'Arc de triomphe.
Paul, Marie et moi, nous **allons** visiter le Sacré-Cœur. Philippe **va** aller au bois de Boulogne.
Agnès **va** visiter la tour Eiffel.
A bientôt,
Joanne

AL BROWN
130 Oak St.
Kokomo, IN 47900

U.S.A.

Nom _____ Classe _____ Date _____

8 **Où est-ce qu'on va?**   It's Saturday, and you and your friends are trying to decide what to do together. Each time they suggest a place, ask what you're going to do there. **Answers may vary. Possible answers:**

Example: Allons au cinéma!   <u>On va voir un film d'horreur?</u>

1. Allons au restaurant!   <u>On va manger une pizza</u> ?
2. Allons au parc!   <u>On va faire une promenade</u> ?
3. Allons au stade!   <u>On va aller voir un match de foot</u> ?
4. Allons au centre commercial!   <u>On va faire les vitrines</u> ?
5. Allons à la piscine!   <u>On va nager</u> ?

9 **Vous faites quoi ce week-end?**   Write five questions you might ask your friends to find out what they're going to do this weekend. Vary the way you ask your questions. Remember, you're talking to more than one friend. **Answers will vary. Possible answers:**

Example: <u>Est-ce que vous allez voir un film?</u>

1. <u>Vous allez au restaurant?</u>
2. <u>Vous n'allez pas étudier à la bibliothèque?</u>
3. <u>Est-ce que vous allez danser?</u>
4. <u>Je vais faire une promenade, et vous?</u>
5. <u>Est-ce que vous allez regarder le match?</u>

10 **Un petit mot**   You're going out for the afternoon. Leave your mother a note telling her three places you plan to go to, and tell what you plan to do at each place. **Answers will vary. Possible answers:**

Maman,

Je vais sortir avec les copains. Nous allons faire

une promenade au parc. Nous allons

manger au café. Ce soir, nous

allons au cinéma. Nous allons voir un film français.

Je vais aller au café après le film.

■ DEUXIEME ETAPE

11 On visite Paris Sylvie and Paul are planning what to do this week. Every time Sylvie suggests something, Paul suggests they do it the next day. Write Paul's responses.

Example: On va visiter Notre-Dame lundi? <u>Non, allons à Notre-Dame mardi.</u>

1. On va au Louvre mardi?
<u>**Non, allons au Louvre mercredi.**</u>

2. On va à la tour Eiffel mercredi?
<u>**Non, allons à la tour Eiffel jeudi.**</u>

3. On va faire une promenade au jardin du Luxembourg jeudi?
<u>**Non, allons faire une promenade au jardin du Luxembourg vendredi.**</u>

4. On va au Sacré-Cœur samedi?
<u>**Non, allons au Sacré-Cœur dimanche.**</u>

12 Faisons un pique-nique!

a. You're suggesting a picnic on Sunday. Unscramble your friends' answers to find out who's going and who isn't.

Marie : quourpio spa?	**Pourquoi pas?**
Thomas : cupéoc ssiu ej.	**Je suis occupé.**
Thuy : oséeléd. riafe sed à csurt ia j'.	**Désolée. J'ai des trucs à faire.**
Marc : xpue ej spa en.	**Je ne peux pas.**
Sylvie : iebn uexv ej.	**Je veux bien.**
Djeneba : dcad'roc.	**D'accord.**
Caroline : y-ollnas!	**Allons-y!**
Mathieu : édie noneb!	**Bonne idée!**

b. Now, note their answers on your list so you can plan accordingly. Write **oui** if your friends are going to the picnic, and **non** if they aren't.

Marie :	**oui**	Sylvie :	**oui**
Thomas :	**non**	Djeneba :	**oui**
Thuy :	**non**	Caroline :	**oui**
Marc :	**non**	Mathieu :	**oui**

13 Tu viens? Respond to the following invitations. Accept or refuse according to your true feelings. **Answers will vary. Possible answers:**

1. Tu veux aller au stade? __Non, ça ne me dit rien.__
2. On va au théâtre? __D'accord.__
3. Je voudrais aller au zoo. Tu viens? __Pourquoi pas?__
4. Allons à la bibliothèque! __Non, je suis occupé(e).__

14 Un rendez-vous important You're nervous about asking a new student at school to go to the movies with you. Practice by writing out four ways you could ask your friend to go. **Answers will vary. Possible answers:**

1. Je vais au cinéma. Tu viens?
2. Tu veux aller au cinéma?
3. On va au cinéma?
4. Allons au cinéma!

15 Verbes croisés Complete these sentences with the correct forms of the verb **vouloir.** Then use your answers to fill in the puzzle.

1. Ils __veulent__ aller au cinéma.
2. Et toi? Tu __veux__ manger au restaurant ce soir?
3. Non. Je __veux__ regarder la télé.
4. Vous __voulez__ faire quoi ce week-end?
5. Nous __voulons__ faire un pique-nique.
6. Hélène ne __veut__ pas sortir avec nous.

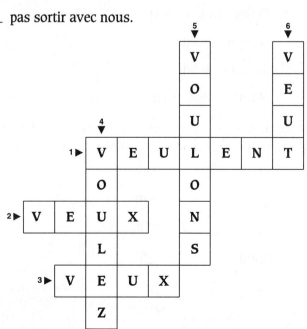

16 Ah non, alors!   As you try to plan an activity that everyone will enjoy, write what you know that you and some of your friends don't want to do.

manger au café   aller à la bibliothèque   faire une promenade   voir un film   aller à la plage   aller au concert

Example: Annick, tu n'aimes pas le parc. <u>Tu ne veux pas faire une promenade.</u>

1. Pierre et Sylvie n'aiment pas étudier.
   <u>**Ils ne veulent pas aller à la bibliothèque.**</u>

2. Marie et moi, nous n'aimons pas nager.
   <u>**Nous ne voulons pas aller à la plage.**</u>

3. Florence n'aime pas le cinéma.
   <u>**Elle ne veut pas voir un film.**</u>

4. Nicole et Fabrice, vous n'avez pas faim.
   <u>**Vous ne voulez pas manger au café.**</u>

5. Moi, je n'aime pas la musique classique.
   <u>**Je ne veux pas aller au concert.**</u>

17 Chers copains,....   You want to see your friends this weekend. Write a note inviting each of them to do something with you. Suggest a day and a time, or time of day, for each activity. **Answers will vary. Possible answers:**

Chère Emilie,
Je veux aller au café samedi après-midi. Tu viens avec moi? On peut aussi faire les vitrines.

Dorothée!
Je vais étudier à la bibliothèque samedi à dix heures. Tu veux étudier les maths avec moi?

Salut, Martin!
Je vais à la piscine vendredi soir. Tu viens nager avec moi?

TROISIEME ETAPE

18 Quel brouhaha! A friend is asking you about your plans, but it's too noisy in the school hallway to hear his questions. Complete your friend's questions with an appropriate question word.

1. __Comment__ ça va?
2. __Qu'est-ce que__ tu vas faire ce week-end?
3. Tu veux faire __quoi__ ce soir?
4. __Où__ est-ce que tu vas? Au cinéma ou au restaurant?
5. __Quand__ est-ce que tu vas au cinéma? Ce soir ou demain?
6. __A quelle heure__ est-ce que tu vas au cinéma? A neuf heures quinze ou à onze heures trente?

19 Un samedi chargé Write a note to your French hosts before you go out for the day. Tell them everything you're going to do, including the times. Use the notes below and write out the times in conversational style. **Answers may vary. Possible answers:**

Example: <u>Je vais déjeuner à midi et demi.</u>

1. __Je vais faire mes devoirs chez Marie à deux heures moins le quart.__
2. __Je vais aller au musée du Louvre à quatre heures et quart.__
3. __A six heures, je vais aller au café avec Luc.__
4. __Je vais dîner au restaurant à sept heures et demie.__
5. __A dix heures moins vingt-cinq, je vais voir un film.__

Nom _____ Classe _____ Date _____

20 L'heure officielle Céline's grandfather has retired from military service and still uses official time. Each time Céline agrees to meet him somewhere, she uses informal time.

Example: LE GRAND-PERE Rendez-vous au cinéma à vingt heures trente!
CELINE <u>D'accord, je vais arriver à huit heures et demie.</u>

LE GRAND-PERE Rendez-vous au restaurant à douze heures quinze!
CELINE <u>**D'accord, je vais arriver à midi et quart.**</u>

LE GRAND-PERE Rendez-vous au café à seize heures quarante-cinq!
CELINE <u>**D'accord, je vais arriver à cinq heures moins le quart.**</u>

LE GRAND-PERE Rendez-vous au musée à dix heures cinquante!
CELINE <u>**D'accord, je vais arriver à onze heures moins dix.**</u>

LE GRAND-PERE Rendez-vous devant le centre commercial à quinze heures trente!
CELINE <u>**D'accord, je vais arriver à trois heures et demie.**</u>

21 Une hôtesse curieuse The mother of your French host family, Madame Lesieur, wants to make sure that she knows your plans. Answer her questions. **Answers will vary. Possible answers:**

Example: Qu'est-ce que tu vas faire cet après-midi? <u>Je vais jouer au tennis.</u>

1. Qu'est-ce que tu vas faire lundi? <u>**Je vais faire une promenade.**</u>
2. Avec qui? <u>**Avec Simon et Julie.**</u>
3. A quelle heure? <u>**A quatre heures et demie.**</u>
4. Où? <u>**Au parc.**</u>
5. Qu'est-ce que tu vas faire mercredi? <u>**Je vais nager.**</u>
6. Où ça? <u>**A la piscine.**</u>
7. A quelle heure? <u>**A midi.**</u>
8. Avec qui? <u>**Avec Mélanie.**</u>
9. Où est-ce que tu vas ce soir? <u>**Je vais au cinéma.**</u>
10. A quelle heure? <u>**A huit heures et demie.**</u>

22 Tu fais quoi? You know your French pen pal Clément likes movies, swimming, horseback riding, and walking in the park. Write five questions you might ask him about his plans for the weekend. Vary the way you ask your questions. **Answers will vary. Possible answers:**

1. <u>**Où est-ce que tu vas ce week-end?**</u>
2. <u>**Est-ce que tu vas faire de l'équitation samedi?**</u>
3. <u>**Quand est-ce que tu vas nager?**</u>
4. <u>**Avec qui est-ce que tu vas au parc?**</u>
5. <u>**A quelle heure est-ce que tu vas au cinéma?**</u>

Nom _____ Classe _____ Date _____

23 R.S.V.P.
When you open your locker at the end of the day, the notes your friends wrote you fall out on the floor. Each note is an invitation to do something together. Write a response to each one. If you accept an invitation, ask for additional information—at what time you'll go, where you'll meet, who else will come, and so on. If you refuse an invitation, give a reason why. **Answers will vary. Possible answers:**

Je vais voir une pièce avec Christine ce soir à huit heures. Rendez-vous devant le théâtre des Amandiers, d'accord?
— Olivier

Olivier,
Je voudrais aller au théâtre avec vous mais je ne peux pas. J'ai des trucs à faire.

Pierre et moi, nous allons à la bibliothèque après l'école. Tu veux étudier l'histoire avec nous?
— Anne

Anne,
Oui, je veux bien étudier. A quelle heure est-ce que vous allez à la bibliothèque?

Allons au centre commercial ce week-end. Je veux faire les vitrines. Viens avec moi!
— Yasmina

Yasmina,
D'accord! J'adore faire les vitrines. Est-ce que tu vas au centre commercial samedi ou dimanche?

Rendez-vous chez moi samedi soir à sept heures. On peut regarder un film.
— Christian

Christian,
J'aime mieux aller au cinéma. Je vais voir «Dracula» vendredi. Tu viens avec moi?

Nom_____ Classe_____ Date_____

■ LISONS!

24 Le Pariscope You're traveling in Paris and you've purchased a copy of the current *Pariscope*. Answer the following questions based on what you see in the table of contents.

a. Who would buy a copy of *Pariscope* and why?

   Anyone interested in

   what is going on in Paris.

b. When and how often would someone have to buy *Pariscope* to stay up to date?

   The magazine comes out

   weekly on Wednesdays.

c. What pages would you consult to find the following information?

Information	Page
A restaurant open on Sunday:	142
A circus:	175
A swimming pool:	174
A dinner-theater:	20
A listing of plays:	16

d. Does a magazine like *Pariscope* exist where you live? **Answers will vary.**

e. Here are the French titles of some American films that have been shown in France. Can you guess their American title?

Les Voyages de Gulliver	**Gulliver's Travels**
La Petite Sirène	**The Little Mermaid**
Denis la malice	**Dennis the Menace**
La Belle et la Bête	**Beauty and the Beast**

PANORAMA CULTUREL

25 **Un touriste à Paris**   Match the captions with the pictures of the monuments. Write the number of the caption under the appropriate picture.

1. _____
TOUR EIFFEL, MÉTRO BIR-HAKEIM ou CHAMP-DE-MARS : Ascension tous les jours de 10 heures à 18 heures 30, de juillet à septembre, de 10 à 18 heures toute l'année. Le troisième étage est fermé entre novembre et mars. Restaurant au 1er étage et brasserie au 2e.

2. _____
NOTRE-DAME, MÉTRO CHÂTELET ou CITÉ : Ascension tous les jours de 10 à 12 heures et de 13 à 17 heures 45 (17 heures en hiver). Fermé le mardi.

3. _____
ARC DE TRIOMPHE DE L'ÉTOILE, MÉTRO ÉTOILE. Il faut, pour y aller, prendre le passage souterrain qui passe sous la place. Ouvert de 10 à 12 heures et de 13 à 17 heures. Fermé le mardi.

    2   1   3

26 La MJC

a. What does **MJC** stand for? What can one do there? **Answers may vary. Possible answers:** MJC means "Maison des jeunes et de la culture." Young people can enjoy activities like drama, crafts, and music there.

b. Is there something comparable to an **MJC** in your town? Explain. **Answers will vary.**

CHAPITRE 7 La famille

MISE EN TRAIN

1 L'album de photos Look at the pictures and read the conversations. Then decide which conversation goes with each picture.

a.

b.

c.

d.

__a__ 1. THOMAS Là, ce sont mes grands-parents.
        MALIKA Ils sont gentils?
        THOMAS Oui, ils sont très gentils.

__d__ 2. MALIKA Qui est-ce, la dame aux longs cheveux bruns?
        THOMAS C'est Maman. Et ça, c'est ma tante Brigitte.
        MALIKA Elles ont l'air sympas.

__c__ 3. MALIKA C'est toi, là?
        THOMAS Oui, c'est moi. Et ça, c'est ma petite sœur.
        MALIKA Comment elle s'appelle?
        THOMAS Clothilde. Elle est mignonne mais super pénible.

__b__ 4. THOMAS Ça, c'est Noirot. C'est le chat de ma petite sœur.
        MALIKA Oh! Qu'est-ce qu'il est mignon!
        THOMAS Oui, il est adorable.

PREMIERE ETAPE

2 La famille d'Aurélie

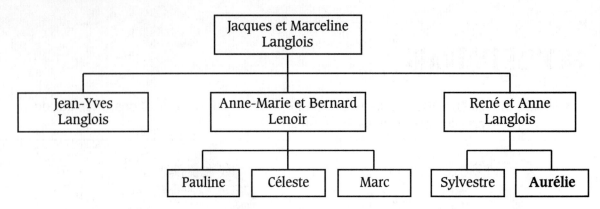

a. You know that you'll be meeting Aurélie's family during your stay in France. Make sure that you know everyone's name.

1. Les oncles d'Aurélie s'appellent __Jean-Yves et Bernard.__
2. Les cousines d'Aurélie s'appellent __Pauline et Céleste.__
3. Le cousin d'Aurélie s'appelle __Marc.__
4. Les parents d'Aurélie s'appellent __René et Anne.__
5. La grand-mère d'Aurélie s'appelle __Marceline.__
6. La tante d'Aurélie s'appelle __Anne-Marie.__

b. Look at the family tree again, and explain the relationship between Aurélie and the following people.

Example: Anne est la mère d'Aurélie.

1. Sylvestre est __le frère d'Aurélie.__
2. Pauline et Céleste sont __les cousines d'Aurélie.__
3. René est __le père d'Aurélie.__
4. Jacques est __le grand-père d'Aurélie.__
5. Anne-Marie est __la tante d'Aurélie.__

3 Des animaux célèbres Your friend Youssoufou has never heard of these famous animal characters. Tell him who they are by completing the sentences logically.

1. __Lassie__ est un chien très intelligent.
2. __Tweety__ est un canari très mignon *(cute)*.
3. __Garfield__ est un chat qui aime manger.
4. __Sylvester__ est un chat noir et blanc.

4 Une famille compliquée Use the clues given to complete the family tree. Write the name of each person in the appropriate oval. **Order may vary. Possible order:**

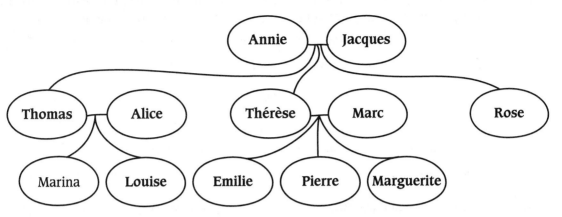

1. Annie est la grand-mère de Marina.
2. Jacques et Annie ont trois enfants.
3. Thomas et Alice sont les parents de Louise et de Marina.
4. Rose est la fille de Jacques.
5. Thérèse est la tante de Louise.
6. Marc est l'oncle de Marina et le père de Marguerite.
7. Emilie est la cousine de Marina.
8. Pierre est le fils de Thérèse.

5 Ma famille à moi You're writing to your new pen pal, Daphné, and you're sending her pictures of your family. Write about several family members and pets as if you were writing descriptions on the backs of the pictures. Make up an imaginary family if you wish. **Answers will vary. Possible answers:**

Example: <u>Voici mon frère. Il s'appelle Thomas. Il a six ans.</u>

1. <u>Voici ma mère. Elle s'appelle Anne. Elle a trente-neuf ans.</u>
2. <u>Voici mon père. Il s'appelle Pierre. Il a quarante ans.</u>
3. <u>Voici ma sœur Marie. Elle adore jouer au tennis.</u>
4. <u>Voici mon chien Tobby. Il aime faire des promenades.</u>

6 Qu'est-ce que tu dis? You're at a noisy café with your friends and you can't hear everything they're saying. Complete the questions they're asking one another with the appropriate possessive adjectives.

Example: Est-ce que tu vas au cinéma avec <u>tes</u> copains?

1. Catherine et Sophie, vous allez en vacances avec <u>**vos**</u> parents cet été?
2. A quelle heure tu as rendez-vous avec <u>**ta**</u> cousine, Lucas?
3. Il est bon, <u>**ton**</u> croque-monsieur, Paul?
4. Eh, Julie! Ils sont sympas, <u>**tes**</u> frères?
5. Ma sœur et moi, nous allons chez <u>**notre**</u> oncle ce week-end. Tu viens avec nous?

7 On a tout?

a. You're doing a team project with your classmates and you need to check that everyone has the required material. Complete the statements and questions below.

Example: Moi, j'ai <u>mon</u> cahier et <u>mes</u> stylos.

1. Pierre et Habiba ont <u>leurs</u> livres et <u>leurs</u> calculatrices.
2. Etienne et moi, nous avons <u>nos</u> cahiers. Etienne a <u>son</u> dictionnaire.
3. Alice a <u>sa</u> gomme, <u>ses</u> feuilles de papier et <u>son</u> classeur.
4. Juliette et Antoine, est-ce que vous avez <u>vos</u> classeurs?
5. Et toi, Philippe, tu as <u>ton</u> stylo, <u>ta</u> trousse et <u>tes</u> crayons de couleur?

b. The project is over and your friend volunteers to return the materials to their owners. He asks you who owns each item. Answer his questions.

Example: A qui est la gomme? <u>C'est la gomme d'Alice.</u>
Et les classeurs? <u>Ce sont les classeurs de Juliette et d'Antoine.</u>

1. Et la trousse? <u>C'est la trousse de Philippe.</u>
2. Et les feuilles? <u>Ce sont les feuilles d'Alice.</u>
3. Et les calculatrices? <u>Ce sont les calculatrices de Pierre et d'Habiba.</u>
4. Et le stylo? <u>C'est le stylo de Philippe.</u>
5. Et le dictionnaire? <u>C'est le dictionnaire d'Etienne.</u>

8 Les présentations

Introduce some imaginary family members and friends to your French teacher, Madame Boucher, and to Jean-Luc, an exchange student. Tell something about each person you're introducing. **Answers will vary. Possible answers:**

Example: Jean-Luc, <u>je te présente mon ami Paul. Il adore le football.</u>

1. Madame Boucher, <u>je vous présente mes grands-parents. Ils ont trois chats.</u>

2. Madame Boucher, <u>je vous présente mon oncle. Il aime le français.</u>

3. Madame Boucher, <u>je vous présente mes parents. Ils aiment beaucoup le sport.</u>

4. Jean-Luc, <u>je te présente mon amie Danielle. Elle a quatorze ans.</u>

5. Jean-Luc, <u>je te présente mes copains Phil et Paul. Ils veulent jouer au tennis avec toi.</u>

DEUXIÈME ÉTAPE

9 Devine qui c'est Based on the descriptions below, decide who's in the pictures.

Pauline

Denis

Mélanie est brune et mince.
Pauline est grande et blonde.
Chloé est petite et blonde.

Jean-Luc est petit et blond.
Julien est grand et blond.
Denis est petit et brun.

10 Les qualités Group the adjectives in the appropriate category. **Order may vary.**

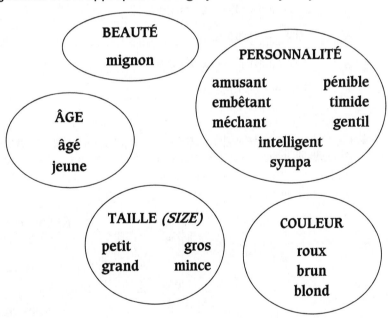

BEAUTÉ
mignon

PERSONNALITÉ
amusant   pénible
embêtant   timide
méchant   gentil
intelligent
sympa

ÂGE
âgé
jeune

TAILLE *(SIZE)*
petit   gros
grand   mince

COULEUR
roux
brun
blond

11 Les jumeaux Paul and Pauline are twins. Complete the second sentence with the appropriate form of the adjective given in the first sentence.

Example: Paul est petit. Pauline est <u>petite</u> aussi.

1. Pauline est rousse. Paul est ___<u>roux</u>___ aussi.
2. Paul est jeune. Pauline est ___<u>jeune</u>___ aussi.
3. Pauline est mignonne. Paul est ___<u>mignon</u>___ aussi.
4. Paul est gentil. Pauline est ___<u>gentille</u>___ aussi.

12 Mais, pas du tout! Your French friends don't know these American celebrities. Answer their questions, giving the correct information. **Answers may vary. Possible answers:**

Example: — Est-ce que Julia Roberts est grosse? — Mais non! <u>Elle est mince!</u>

1. — Est-ce que Shaquille O'Neal est petit?
   — Mais non! <u>Il est grand!</u>

2. — Est-ce que Maggie Simpson® est âgée?
   — Mais non! <u>Elle est jeune!</u>

3. — Est-ce que Marge Simpson® est méchante?
   — Mais non! <u>Elle est gentille!</u>

4. — Est-ce que Mariah Carey est blonde?
   — Mais non! <u>Elle est brune!</u>

13 A propos de Marie Your pen pal David has sent you pictures of his family. Among the pictures, there's one of his sister, Marie. You want to know more about her. Write five questions you might ask David. **Answers will vary. Possible answers:**

1. Elle est sympa?
2. Est-ce qu'elle est amusante?
3. Elle est timide?
4. Est-ce qu'elle est pénible?
5. Elle est comment?

14 Des projets de vacances You and your friends are spending the summer in France, but you're all staying in different cities. Complete the sentences with the correct forms of the verb **être**. Then look at page xxiii of your textbook to locate the various cities on the map and write in their names.

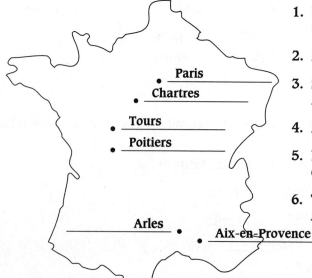

1. Paul et moi, nous <u>sommes</u> à Paris en août.
2. Marc <u>est</u> à Poitiers en juillet.
3. Sylvie et Anne, vous <u>êtes</u> à Arles en août, non?
4. Moi, je <u>suis</u> à Tours en juillet.
5. Philippe, tu <u>es</u> à Chartres en juillet, c'est ça?
6. Thierry et Annick <u>sont</u> à Aix-en-Provence en août.

15 Au contraire Read each of the descriptions below, then fill in the descriptions that follow with the opposite characteristics. **Answers will vary. Possible answers:**

1. Jean est gentil. Jeanne __est méchante.__
2. Ma tante est grosse. Ma mère et mon frère __sont minces.__
3. Ma sœur est grande. Mon père et moi, nous __sommes petits.__
4. Serge est âgé. Tes copains et toi, vous __êtes jeunes.__
5. Maxine est pénible. Tu __es sympathique.__
6. Ma cousine est blonde. Je __suis brun(e).__

16 Le jeu du portrait Write descriptions of three famous people and have your classmates guess who they are. Your descriptions should include name, age, physical characteristics, and personality traits. **Answers will vary.**

1. _____
2. _____
3. _____

TROISIEME ETAPE

17 Les tâches domestiques You're in the process of negotiating an increase in your allowance, so you offer to do more chores. Rank the chores listed below from the one you dislike most to the one you dislike least. **Answers will vary.**

débarrasser la table
faire la vaisselle
faire le ménage
laver la voiture
tondre le gazon
sortir la poubelle
ranger ma chambre
passer l'aspirateur

1. _____
2. _____
3. _____
4. _____
5. _____
6. _____
7. _____
8. _____

18 Tu aides? Complete the following chart to show how often you help around the house. **Answers will vary.**

Je...	souvent	quelquefois	rarement	jamais
range ma chambre				
fais la vaisselle				
fais le ménage				
lave la voiture				
promène le chien				
débarrasse la table				

19 Questions-réponses Choisis la bonne réponse.

1. __d__ Papa, je peux aller au café?
2. __e__ Elle est comment, ta cousine?
3. __a__ Il est âgé, ton grand-père?
4. __b__ Il est comment, ton chien?
5. __g__ Il s'appelle comment, ton frère?
6. __h__ Ils sont comment?
7. __c__ Tu aimes tondre le gazon?
8. __f__ Paul est blond?

a. Pas trop. Il a soixante ans.
b. Noir et blanc. Il est adorable!
c. Non. Pas du tout.
d. Non! Tu dois faire tes devoirs.
e. Mignonne, mais super pénible.
f. Non, il est brun.
g. Eric.
h. Ils sont très intelligents.

Nom _____ Classe _____ Date _____

20 Au travail!
Elodie's mom is coming back from a trip tonight. Elodie's dad wants to surprise his wife with a clean house, so he's assigning chores to the family members. Complete his instructions, using the correct form of the appropriate verb.

1. Moi, je ___**fais**___ le ménage.
2. Julien et Florence ___**lavent**___ la voiture.
3. Toi, Elodie, tu ___**ranges**___ ta chambre et tu ___**gardes**___ ta petite sœur.
4. Julien et moi, nous ___**débarrassons**___ la table.
5. Julien, tu ___**fais**___ la vaisselle.
6. Florence et Elodie, vous ___**promenez**___ le chien.

21 Je peux?
Raymond has finished all of his assigned chores, but his brother Gabriel hasn't done any of his chores. They're both asking their parent for permission to do various activities. How might their parent respond to each of their requests? **Answers will vary. Possible answers:**

> Oui, si tu veux.   Non, tu dois faire tes devoirs.   Pas ce soir.
> Pas question!   Pourquoi pas?   Oui, bien sûr!

RAYMOND

1. Papa, je peux sortir avec les copains?

   Oui, si tu veux.

2. Je peux aller au théâtre ce soir?

   Pourquoi pas?

3. Est-ce que je peux aller au parc?

   Oui, bien sûr!

GABRIEL

4. Je veux aller au ciné ce soir. Tu es d'accord?

   Pas ce soir.

5. Je peux aller à une boum demain?

   Pas question!

6. Je peux regarder la télé?

   Non, tu dois faire tes devoirs.

22 Je vous promets! You're supposed to finish your chores by tomorrow but your friends just called to invite you to a movie. Write a note telling your parents where you're going and three or four chores you're going to do tomorrow. **Answers will vary. Possible answers:**

Je vais sortir avec Sandy. Nous allons

au cinéma. Demain matin, je vais tondre

le gazon, ranger ma chambre, faire la

vaisselle et promener le chien.

23 Chez moi, ... Tell who does these chores at your house and how often. You might also complain that someone never does a certain chore. **Answers will vary. Possible answers:**

Example: Ma mère fait toujours la vaisselle.

1. Mon père lave quelquefois la voiture.
2. Je garde ma petite sœur une fois par semaine.
3. Ma sœur débarrasse rarement la table.
4. Ma mère fait souvent le ménage.
5. Mon frère ne range jamais sa chambre!

24 Oui ou non? You have a lot of plans for the weekend and you're asking your parent for permission. You're refused permission for three of the requests because you have chores to do. You get permission for three of the requests on the condition that you do a certain chore first. Write your parent's responses. Use a different chore in each response. **Answers will vary. Possible answers:**

1. Est-ce que je peux aller au cinéma ce soir?

   Pas ce soir, tu dois garder ton petit frère.

2. Je voudrais sortir avec mes copains cet après-midi. Tu es d'accord?

   D'accord, si tu ranges d'abord ta chambre.

3. Je peux aller au parc ce week-end?

   Oui, si tu veux, mais tu dois promener le chien aussi.

4. Est-ce que je peux aller jouer au foot dimanche matin?

   Pas question! Dimanche matin, tu dois laver la voiture.

5. Je voudrais aller au concert de rock samedi soir.

   Oui, bien sûr, si tu fais d'abord la vaisselle.

6. Est-ce que je peux regarder la télé après le dîner?

   Non, c'est impossible, tu dois faire tes devoirs.

LISONS!

25 Voici ma famille Your French pen pal Sylvain has written you a letter describing his family. He also sent you pictures. Decide who's who based on Sylvain's descriptions.

> Salut!
> Merci pour ta dernière lettre. Aujourd'hui, je veux te présenter ma famille. Mon père s'appelle Marc. Il a 42 ans, il a les cheveux bruns et il est très grand. Ma mère, c'est Alice. Comme tu peux voir, elle est petite et blonde. Mes parents sont très sportifs.
> J'ai deux frères, Paul et Etienne. Paul est brun et grand, comme mon père; Etienne est blond, mince et un peu timide. Paul a 16 ans, Etienne 10. J'ai aussi

> 2
> une petite sœur, Véronique. Elle est mignonne mais assez pénible. Elle a 4 ans. Nous avons deux chats; Rufus est gros et très vieux et Boubou est une petite chatte noire adorable. Je t'envoie deux photos; comme ça, tu peux te faire une idée.
> Ecris-moi vite et à bientôt.
>
> Sylvain
>
> P.S. Ah, oui! Le garçon très fort et très mignon, c'est moi, bien sûr...

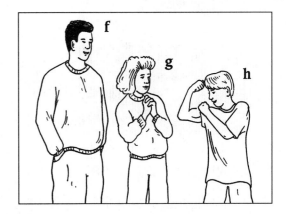

__f__ Marc
__d__ Boubou
__b__ Etienne
__c__ Véronique

__g__ Alice
__a__ Paul
__h__ Sylvain
__e__ Rufus

PANORAMA CULTUREL

26 La famille française   Describe two or three ways in which the French government helps families. **Answers will vary. Possible answer:**

   The French government gives money to families with two or more
   children. Working women can stay home for 14 weeks when they
   have a baby and still be paid. The government also helps families by
   giving them money for every student and every child after the second.

27 Nos amis les chiens

   a. You and a French-speaking exchange student are out walking your dog. He or she suggests that you stop in a restaurant and get something to eat. What cultural difference is he or she not aware of?

   Dogs are not allowed in restaurants in the United States.

   b. While in France, you notice some signs that you haven't seen in the United States. Answer the following questions about these signs. **Answers may vary. Possible answer:**

   1. This sign is posted at the entrance of a tourist attraction. How might a French person react? An American?

      French people might be surprised
      since they expect to take
      a dog with them to many places.
      An American might be surprised
      that such a sign is necessary.

   2. Why is this sign necessary?

      In major cities, there are few
      grassy areas, so dogs are expected to
      use curb areas, not sidewalks.

CHAPITRE 8
Au marché

MISE EN TRAIN

1 Au marché Choisis la conversation qui correspond à cette image.

a. — Salut, Koffi.
— Salut, Djeneba.
— C'est combien, la calculatrice?
— Cette calculatrice-là? 30 €.
— Oh non! C'est trop cher!

(b.) — Bonjour, Koffi. Qu'est-ce qu'il te faut aujourd'hui?
— Bonjour. Il me faut un ananas et des bananes, s'il vous plaît.
— C'est tout?
— Oui, c'est tout pour aujourd'hui.

c. — Bonjour, madame.
— Bonjour, Koffi.
— Qu'est-ce que vous avez comme sandwiches?
— J'en ai au jambon et au fromage.
— Alors, apportez-moi un sandwich au fromage, s'il vous plaît.

2 Mais que disent-elles? Unscramble this conversation between Djeneba and her mother. Add commas when necessary. **Word order and commas may vary.**

1. MME DIOMANDE   tiens / Djeneba / me / tu / marché? / fais / le
   Tiens, Djeneba, tu me fais le marché?

2. DJENEBA   qu'il / faut? / te / qu'est-ce // volontiers!
   Volontiers! Qu'est-ce qu'il te faut?

3. MME DIOMANDE   des / riz / faut / du / il / légumes / me / du / et / pain.
   Il me faut des légumes, du riz et du pain.

4. DJENEBA   maman. / d'accord / bon
   Bon, d'accord, maman.

5. MME DIOMANDE   oublié… / ai / ah / j' // tomates / de / de / pâte / prends / la / aussi.
   Ah, j'ai oublié… Prends de la pâte de tomates aussi.

Nom _____ Classe _____ Date _____

PREMIERE ETAPE

3 Les intrus Cross out the word in each group that doesn't belong.

1. des fraises
   ~~des gombos~~
   des pommes
   des ananas

2. du pain
   de la confiture
   du beurre
   ~~du riz~~

3. du porc
   du poulet
   du poisson
   ~~du maïs~~

4. du lait
   du fromage
   ~~des fraises~~
   du beurre

5. ~~des mangues~~
   des petits pois
   des carottes
   des haricots verts

6. de la tarte
   ~~du poisson~~
   des yaourts
   du gâteau

4 Grossir ou maigrir? One of your friends wants to gain weight and another wants to lose weight. Suggest six foods that each person might eat. **Answers will vary. Possible answers:**

de la glace	des carottes
des œufs	des oranges
du gâteau	de la salade
du beurre	des haricots verts
du chocolat	des pommes
des tartes	du poisson

5 Un(e) artiste gastronome You're illustrating a French food encyclopedia. Draw a picture for each caption.

un gâteau	une frite	une tarte
du gâteau	des frites	de la tarte

6 Au café Mme Siclier and Guillaume are deciding what to have for lunch. Complete their conversation with the appropriate articles.

MME SICLIER Qu'est-ce que tu veux, Guillaume?

GUILLAUME Euh… Vous avez __des__ sandwiches?

LE SERVEUR Oui. Tu veux __un__ sandwich au saucisson ou __un__ sandwich au jambon?

GUILLAUME __Un__ sandwich au jambon… et __des__ frites.

LE SERVEUR Et comme dessert?

GUILLAUME __De la__ tarte aux poires.

LE SERVEUR Nous n'avons pas __de__ tarte. Mais nous avons __du__ gâteau au chocolat.

GUILLAUME Alors, pas __de__ dessert, merci.

LE SERVEUR D'accord. Et pour vous, madame?

MME SICLIER Moi, je vais prendre __du__ poisson avec __des__ haricots verts et __une/ de la__ salade.

LE SERVEUR Très bien. Et comme boisson?

MME SICLIER Apportez-nous __de l'__ eau minérale. Ah oui! Et je voudrais aussi __du__ pain, s'il vous plaît.

7 Tes préférences The French family you'll be staying with wrote you a letter asking what you usually eat. Answer their letter. **Answers will vary.**

Chère famille,

_____

8 Qu'est-ce qu'il te faut? Name something else you need in each category. **Answers will vary. Possible answers:**

Example: J'ai des petits pois, des oignons et du maïs. Il me faut aussi des haricots verts.

1. J'ai du porc, du poisson et du bœuf.
   Il me faut aussi du poulet.

2. J'ai des oranges, des bananes et des poires.
   Il me faut aussi des papayes.

3. J'ai des yaourts, du lait et de la glace.
   Il me faut aussi du fromage.

9 Des ingrédients indispensables What do you need to make the following dishes? Name at least one ingredient for each item. **Answers will vary. Possible answers:**

Example: Pour faire de la salade de fruits, on a besoin d'oranges.

1. Pour faire des hamburgers, on a besoin de viande.
2. Pour faire une tarte, on a besoin de farine.
3. Pour faire une omelette, on a besoin d'œufs.
4. Pour faire des frites, on a besoin de pommes de terre.
5. Pour faire une pizza, on a besoin de fromage.

DEUXIEME ETAPE

10 S'il te plaît, Maman... Your mother is going shopping and has asked you what you'd like from the store. Ask her to get four things you like, in four different ways. **Answers may vary. Possible answers:**

1. Tu peux acheter de la glace?
2. Rapporte-moi du jus d'orange, s'il te plaît.
3. N'oublie pas d'acheter du chocolat.
4. Achète un gâteau, s'il te plaît.

11 On va au cinéma? You'd like someone to go to the movies with you. Some of your friends accept and others decline. Pierre can't go, Djeneba says that she would love to, Alice also accepts, Marc can't tonight, Philippe is busy, and Rachid doesn't have time. Tell how each person accepts or refuses your invitation. **Answers may vary. Possible answers:**

Example: — Pierre, on va au cinéma ce soir?
— Non, je regrette, je ne peux pas.

1. — Et toi, Djeneba?
   — Je veux bien.

2. — Et toi, Alice?
   — Bon, d'accord.

3. — Et toi, Marc?
   — Non, pas ce soir.

4. — Et toi, Philippe?
   — Non, je regrette, je suis occupé.

5. — Et toi, Rachid?
   — Désolé, je n'ai pas le temps.

12 Ton propre choix Qu'est-ce que tu veux faire samedi? Tes amis te font ces suggestions. Qu'est-ce que tu réponds? **Answers will vary. Possible answers:**

1. Tu veux faire de l'équitation? Je regrette, je ne peux pas.
2. Tu veux aller à la plage? Pourquoi pas?
3. Tu veux faire les vitrines? D'accord.
4. Tu veux dîner au restaurant? Allons-y!
5. Tu veux voir un film? Désolé(e), j'ai des tas de choses à faire.
6. Tu veux étudier le français? Je veux bien.

13 Qu'est-ce que tu en dis? Complète cette conversation avec les formes correctes du verbe **pouvoir**.

THIERRY Je vais au match de foot avec mes parents. Lucie et Colette, vous __pouvez__ y aller avec nous, si vous voulez.

LUCIE Désolée, je ne __peux__ pas.

COLETTE Oui, d'accord. Mes parents ne __peuvent__ pas y aller aujourd'hui, mais moi, je veux bien.

THIERRY On __peut__ se retrouver au café à six heures?

COLETTE Bonne idée! Comme ça, nous __pouvons__ manger avant le match. Tu __peux__ me téléphoner à cinq heures et demie pour confirmer?

THIERRY D'accord.

14 Des goûts différents You're a tour director. Everyone in your tour group wants to do something different. Using the verbs **vouloir** and **pouvoir**, tell where everyone can go to do what they want to do.

Example: Paul peut aller au stade s'il veut voir un match.

1. Marc et Philippe __peuvent aller au théâtre__ s'ils __veulent__ voir une pièce.
2. Annick et moi, nous __pouvons aller au cinéma__ si nous __voulons__ voir un film.
3. Moi, je __peux aller au centre commercial__ si je __veux__ faire les vitrines.
4. Monsieur, vous __pouvez aller au parc__ si vous __voulez__ faire une promenade.
5. Eric, tu __peux aller au café__ si tu __veux__ manger un sandwich.
6. On __peut aller à la bibliothèque__ si on __veut__ lire des livres.

15 De bonnes mesures How is meat sold? Cross out the quantities that are not logical. Then number the remaining quantities in order from the smallest (1) to the largest.

____ ~~une bouteille de viande~~   ____ ~~une douzaine de viande~~

_3_ un kilo de viande   _2_ une livre de viande

____ ~~un litre de viande~~   _1_ cent grammes de viande

Nom _____ Classe _____ Date _____

16 **Allez, viens à l'épicerie!** You're cooking for a big party tonight and your friends have volunteered to go grocery shopping for you. Complete these sentences with the appropriate quantities from the box below. **Answers may vary. Possible answers:**

> un morceau   une douzaine   un litre   une bouteille   deux   une livre   une boîte   un kilo

1. Tu peux acheter _____une boîte_____ de petits pois?
2. Tu me rapportes _____une douzaine_____ d'œufs?
3. Rapporte-moi _____une livre_____ de fraises.
4. Prends _____deux_____ ananas aussi.
5. Achète _____une bouteille_____ d'eau minérale.
6. Achète-moi _____un kilo_____ de tomates.
7. N'oublie pas de prendre _____un morceau_____ de fromage.

17 **Au supermarché** Your French host mother gave you a list of items to get at the store, but you've forgotten how much of each item she wants. You'll have to decide on a logical quantity for each one. **Answers may vary. Possible answers:**

un kilo	de pommes de terre
une tranche	de jambon
un morceau	de fromage
un paquet	de sucre
un litre	de lait
une boîte	de riz

18 **Un dîner chez toi** You've decided to invite eight of your friends over for dinner. You're planning to serve croque-monsieur, tomato salad, and a fruit salad. Make a shopping list of the things you need, including specific quantities when necessary. **Answers will vary. Possible answers:**

Du pain, du beurre, seize tranches de jambon,
seize tranches de fromage, un kilo de tomates,
une livre de pêches, une livre de bananes, une livre
de raisin, trois pommes, deux oranges et des yaourts

Nom _____ Classe _____ Date _____

■ TROISIEME ETAPE

19 A quel repas? At what meals would you most likely eat the following foods? **Answers will vary. Possible answers:**

Example: Je mange des œufs <u>au petit déjeuner.</u>

1. Je mange du poulet <u>au dîner.</u>
2. Je mange un sandwich <u>au déjeuner.</u>
3. Je mange du chocolat <u>au goûter.</u>
4. Je mange de la soupe <u>au dîner.</u>
5. Je mange de la confiture <u>au petit déjeuner.</u>
6. Je mange de la viande <u>au dîner.</u>
7. Je mange de la salade <u>au déjeuner.</u>
8. Je mange du gâteau <u>au goûter.</u>

20 Tes goûts personnels You've received a letter from your future French host family asking for details about your eating habits. Write them back, telling what you usually have for breakfast, lunch, and dinner. Mention some things you don't like, too. **Answers will vary.**

Au petit déjeuner, _____

_____

Au _____

_____

Au _____

21 Un(e) végétarien(ne) You're eating dinner at your friend's house, but you're a vegetarian. Politely refuse the meat and accept the other food. Vary your answers, using the choices given below. **Answers will vary. Possible answers:**

> Oui, avec plaisir.   Oui, s'il te plaît.   Non, merci.   Non, je n'en veux pas.   Oui, j'en veux bien.

1. Tu veux de la glace? <u>Oui, j'en veux bien.</u>
2. Tu veux des carottes? <u>Oui, avec plaisir.</u>
3. Tu veux du porc? <u>Non, merci.</u>
4. Tu veux des haricots verts? <u>Oui, s'il te plaît.</u>
5. Tu veux des pêches? <u>Oui, avec plaisir.</u>
6. Tu veux du saucisson? <u>Non, je n'en veux pas.</u>

22 Le savoir-vivre Vary the way you offer your friend the following items. Be sure to use the correct articles. **Answers will vary. Possible answers:**

Example: Tu veux du thé?

1. Encore du pain?

2. Tu veux du bœuf?

3. Tu prends des haricots verts?

4. Tu voudrais de la glace?

5. Tu veux du saucisson?

6. Tu prends de l'eau minérale?

23 Qu'est-ce que tu manges? Your uncle, Benoît, who is a nutritionist, is asking about your eating habits. Answer his questions, telling how often you eat each food. **Answers will vary. Possible answers:**

Example: Tu manges des fruits? <u>Oui, j'en mange souvent.</u>
Tu manges des goyaves? <u>Non, je n'en mange jamais.</u>

1. Tu manges de la salade?
   Oui, j'en mange quelquefois.

2. Tu manges du poulet?
   Oui, j'en mange souvent.

3. Tu manges du saucisson?
   Non, je n'en mange jamais.

4. Tu manges des légumes?
   Oui, j'en mange souvent.

5. Tu manges du gâteau?
   Oui, j'en mange quelquefois.

6. Tu manges des bananes?
   Oui, j'en mange souvent.

24 Un dîner en tête-à-tête Sandrine invited Adrien to dinner. Imagine what they're saying about their meal. **Answers will vary.**

Nom_____ Classe_____ Date_____

◼ LISONS!

25 Une lettre de Côte d'Ivoire You've received a letter from Etienne, a friend of yours who is visiting his pen pal in Côte d'Ivoire. Read his letter and answer the questions that follow.

> Salut de Côte d'Ivoire! Ma famille ivoirienne habite à Abidjan, une grande ville de la Côte d'Ivoire. J'aime beaucoup Abidjan. Ici, on peut manger des spécialités ivoiriennes et françaises. Tu sais, la Côte d'Ivoire était une colonie de la France autrefois. A Abidjan, on mange beaucoup de poisson et de riz. Un plat typique est le foutou, mais moi, j'aime mieux l'aloco; c'est des bananes frites servies avec une sauce épicée. C'est délicieux. Au marché, il y a des légumes et des fruits qu'on ne trouve pas souvent en France : des gombos, des goyaves, des noix de coco, des papayes, et surtout des ananas et des mangues. J'adore les mangues!
>
> Il y a aussi des restaurants français à Abidjan. C'est chouette! Je peux manger mes plats préférés, comme à la maison : de la tarte aux pommes, des pommes de terre sautées, du rôti de porc ou du poulet aux champignons.
> Quand on va à la plage avec ma famille, on prépare un pique-nique avec des sandwiches et beaucoup de fruits locaux. Les plages sont très belles ici.
> Vive les vacances en Côte d'Ivoire!
> Ecris-moi vite et à bientôt.
> Etienne

1. What are two popular foods in Abidjan?
   rice and fish

2. What is Etienne's favorite dish from Côte d'Ivoire? What is it made with?
   aloco; fried bananas served with a spicy sauce

3. What feature mentioned by Etienne might attract tourists to Côte d'Ivoire? **Answers may vary. Possible answer:**
   beautiful beaches

4. What are three fruits that are not common in France but are very popular in Côte d'Ivoire? **Answers will vary. Possible answers:**
   guavas, coconuts, papayas

5. Who is Etienne staying with? Is he in the country or in the city?
   He is staying with an Ivorian family. He is in the city of Abidjan.

6. Why do you think there are many French restaurants in Côte d'Ivoire?
   Côte d'Ivoire was once a French colony.

PANORAMA CULTUREL

26 **Le système métrique** Match the weights and measures on the left with their closest equivalents in the metric system.

- **d** 1 gallon
- **f** 2 miles
- **a** 2 pounds
- **e** 1 pound
- **c** 1 quart
- **b** 20 inches

a. 1 kilogram
b. 50 centimeters
c. 1 liter
d. 4 liters
e. 500 grams
f. 3 kilometers

27 **Les repas francophones** Your friend is going to spend the summer with a francophone family. How will the meals be different? **Answers will vary. Possible answers:**

People don't eat much for breakfast. Their largest meal is lunch.

They eat dinner later than Americans do.

28 **La nourriture ivoirienne**

1. What fruits are popular in Côte d'Ivoire? **Answers will vary. Possible answers:**
   plantains, guavas, papayas, mangoes

2. What is the name of the common "market" language of Côte d'Ivoire? Why is there a need for a "market" language?
   Djoula; Because there are more than 60 languages in Côte d'Ivoire, people need to
   have a way to communicate efficiently at the market.

3. What is **foutou**?
   a main dish made from plantains, manioc, or yams

4. Is shopping in Côte d'Ivoire like shopping in the United States? What are the main differences? **Answers may vary. Possible answers:**
   No. In Côte d'Ivoire, there are a lot of big open-air markets where you can buy every-
   thing you need, and there are not as many supermarkets as in the United States.

CHAPITRE 9

Au téléphone

■ MISE EN TRAIN

1 Le week-end Ahmed et Laurent parlent de leur week-end. Complète leur conversation.

1. Salut, Laurent. Tu as passé un bon __week-end__?
2. Oui, très __chouette__.
3. __Qu'est-ce que__ tu as fait?
4. Je suis allé au __cinéma__. J'ai vu un film super. Et toi?

1. Moi, __samedi__ matin, je suis allé au __théâtre__ antique avec mon __ami__ Florent.
2. Qu'est-ce que vous avez __fait__?
3. Florent m'a présenté une __fille__ très __sympa__.
4. Ah, oui? __Comment__ est-elle?

1. Elle est __brune__ et mince.
2. Elle a quel __âge__?
3. Seize ans. Après le théâtre, on a pris un __jus d'orange__ dans un __café__ et...
4. Euh... attends, ma mère __veut__ téléphoner.

PREMIERE ETAPE

2 Des hauts et des bas It's Monday morning, and you ask your friends how they enjoyed the weekend. Write their answers under the appropriate illustrations.

> C'était épouvantable. Oui, très chouette. Très bon. Pas mauvais. Excellent.
> Très mauvais. Ça a été. Pas terrible. Bof...

Oui, très chouette.	Pas mauvais.	C'était épouvantable.
Excellent.	Ça a été.	Très mauvais.
Très bon.	Bof...	Pas terrible.

3 Mais, où j'étais? You were supposed to meet your friend last night, but never connected. You try to figure out what went wrong by reviewing what happened. Number the following events in order.

- __2__ Ensuite, je suis allé(e) au centre commercial.
- __1__ D'abord, j'ai déjeuné avec mes parents.
- __5__ Finalement, je suis rentré(e) chez moi à minuit.
- __3__ Après, j'ai téléphoné à Jean-Luc.
- __4__ Jean-Luc et moi, nous sommes allés au cinéma à neuf heures.

4 Les vacances You're back from vacation and your grandmother wants to know what you did. Answer her questions. Remember! You were on vacation! Be sure to answer in the past tense. **Answers may vary. Possible answers:**

Example: Tu as nagé? <u>Oui, j'ai nagé.</u>

1. Tu as fait tes devoirs? __Non, je n'ai pas fait mes devoirs.__
2. Tu as pris des photos? __Oui, j'ai pris des photos.__
3. Tu as acheté des souvenirs? __Oui, j'ai acheté des souvenirs.__
4. Tu as travaillé? __Non, je n'ai pas travaillé.__
5. Tu as lu des romans? __Oui, j'ai lu des romans.__

5 Je peux sortir? You've done your chores, but your mother doesn't know it. When she tells you what to do, tell her you've already done it.

Example: Lis ton livre d'anglais! J'ai déjà lu mon livre d'anglais.

1. Promène le chien! __J'ai déjà promené le chien.__
2. Fais la vaisselle! __J'ai déjà fait la vaisselle.__
3. Range ta chambre! __J'ai déjà rangé ma chambre.__

6 Une journée bien remplie As camp counselor, you're required to report on what everyone did at camp yesterday. Check to make sure you know what everyone did. Complete each sentence with the correct form of the appropriate verb.

Example: Pierre et Hervé <u>ont joué</u> au tennis.

1. Thierry, tu __as fait__ une promenade?
2. Maurice et Séko, vous __avez nagé__, non?
3. Moi, j'__ai écouté__ de la musique.
4. Philippe __a regardé__ le match de foot.
5. Loïc et moi, nous __avons téléphoné__ à nos parents.
6. Annick et Hélène __ont préparé__ le déjeuner.

7 Qui, quand et quoi? Read the following chart. Today is Tuesday. Tell what your friends did yesterday (**hier**), what they're doing today, and what they're going to do tomorrow. **Choice of verbs may vary. Possible answers:**

	Alice	Latifa	Siméon	Constant
LUNDI	un film	la vaisselle	au restaurant	un livre
MARDI	ses devoirs	sa chambre	de la musique	au tennis
MERCREDI	la télé	à la cantine	au musée	les magasins

1. Hier, Alice a vu un film, __Latifa a fait la vaisselle, Siméon est allé au restaurant et Constant a lu un livre.__

2. Aujourd'hui, __Alice fait ses devoirs, Latifa range sa chambre, Siméon écoute de la musique et Constant joue au tennis.__

3. Demain, __Alice va regarder la télé, Latifa va manger à la cantine, Siméon va aller au musée et Constant va faire les magasins.__

Nom _____ Classe _____ Date _____

8 Un récit de voyage You and your friend Aline found an old diary her grandfather kept when he visited Paris years ago. The book is mildewed and some words are smudged. Guess what the missing words are to make sense of the story. **Answers may vary. Possible answers:**

> Le 18 juillet 1955
>
> Aujourd'hui, j'___ai mangé___ au café des «Deux Magots» avec Antoine. Ensuite, nous ___avons vu___ un film. Le film ___a commencé___ à 2h30. Après le cinéma, nous ___avons visité___ l'Arc de triomphe et la Sainte-Chapelle. Antoine ___a raté___ le bus de 7h00. Il ___a pris___ un taxi. Moi, j'___ai fait___ une promenade au parc Montsouris et j'___ai dîné___ au restaurant «La Coupole». Quelle journée!

9 La curiosité Ton ami(e) est sorti(e) samedi soir. Pose-lui quatre questions sur ce qu'il/elle a fait. Utilise un verbe différent dans chaque question. **Answers will vary. Possible answers:**

1. Qu'est-ce que tu as fait samedi soir?
2. Tu es allé(e) où?
3. Et après ça, qu'est-ce qui s'est passé?
4. A quelle heure est-ce que tu as dîné?

10 Devine! Your friend Denis is telling you what he did on his vacation. Show your interest in what Denis is saying by asking an appropriate question. **Answers will vary. Possible answers:**

Example: Je suis allé au parc. <u>Tu as fait une promenade?</u>

1. —Je suis allé au centre commercial.
   — __Tu as fait les magasins?__

2. —Mes parents et moi, nous sommes allés à Montréal.
   — __Vous avez parlé français?__

3. —A Montréal, nous sommes allés dans beaucoup de restaurants.
   — __Vous avez bien mangé?__

11 En réalité On Friday, Tranh's excited about his plans for the weekend, and he calls his best friend to tell him what he's going to do. However, things don't work out as Tranh planned. On Monday, he calls back to tell what he really did. Imagine what Tranh says on Friday and then on Monday. **Answers will vary. Possible answers:**

Vendredi

Lundi

Example: Je vais faire du roller!   J'ai rangé ma chambre.

1. Je vais voir un film super!   J'ai vu un film nul.

2. Je vais déjeuner avec Julie!   J'ai déjeuné avec mes parents.

3. Je vais aller au concert des Rolling Stones!   J'ai fait mes devoirs d'anglais.

4. Je vais jouer au foot!   J'ai fait la vaisselle.

12 Un dimanche nul! Imagine a conversation in which you call your friend Rachid to ask him how his Sunday was. Rachid had a very bad day where everything went wrong, and he tells you all about what happened.

—Allô, Rachid? Tu as passé un bon dimanche?

—Non, c'était épouvantable.

—Qu'est-ce qui s'est passé?

—D'abord, j'ai raté le bus pour aller au match de tennis. Ensuite, je n'ai pas trouvé mes copains au stade. Et, après le match, j'ai mangé un hamburger dégoûtant. Enfin, j'ai oublié mon portefeuille au fast-food!

—Pauvre Rachid!

DEUXIEME ETAPE

13 Allô? You're working in the customer service department of a French company. Categorize these snippets of conversations according to whether they correspond to people making a telephone call or answering a call.

> Je peux parler à Madame Morel? Vous pouvez rappeler plus tard?
> Ne quittez pas.
> Je suis bien chez les Gérond? Je peux laisser un message?
> Une seconde, s'il vous plaît. Est-ce que Monsieur Imhoff est là?
> Qui est à l'appareil?

Making a Call	Answering a Call
Je peux parler à Madame Morel?	Ne quittez pas.
Je suis bien chez les Gérond?	Une seconde, s'il vous plaît.
Je peux laisser un message?	Vous pouvez rappeler plus tard?
Est-ce que Monsieur Imhoff est là?	Qui est à l'appareil?

14 Coupable ou non coupable? You're a police officer. You've wiretapped the phones of two suspects and you're listening to their conversation. Unfortunately, the connection is bad and you can't hear everything they say. Complete their conversation.

— __Allô__ ? Je suis __bien__ chez Monsieur Lecorbeau?

— Oui. Qui est à __l'appareil__ ?

— C'est Madame Lamalice. Est-ce que Monsieur Lecorbeau __est__ __là__ ?

— Euh... une __seconde__ , s'il vous plaît... Non, il n'est pas là. Vous pouvez __rappeler__ plus __tard__ ?

— Euh... bien, est-ce que je peux __laisser__ un message?

— Oui, bien sûr.

— Vous __pouvez__ lui dire que j'ai trouvé le sac mystérieux?

— Le sac mystérieux... D'accord, madame.

— Merci. Au revoir.

Nom_____ Classe_____ Date_____

15 Chacun à son poste! Your pen pal is meeting you in town, but you don't remember exactly where you agreed to meet. Your friends are going to wait at various places in case your pen pal shows up there. Tell where they're waiting, using the verb **attendre**.

1. Pierre ____attend____ devant le cinéma.
2. Annick et moi, nous ____attendons____ au café.
3. Toi, Lucas, tu ____attends____ chez Philippe.
4. Vous deux, vous ____attendez____ au restaurant.
5. Agnès et Prisca ____attendent____ devant le lycée.

16 Toutes les réponses Complète les phrases suivantes avec les formes correctes du verbe **répondre**.

1. Moi, je ____réponds____ toujours au téléphone chez moi.
2. Philippe ____répond____ souvent au professeur.
3. Magali et moi, nous ____répondons____ à toutes les questions.
4. Joël et Séka, est-ce que vous ____répondez____ souvent en classe?
5. Et toi, Nadine, tu ____réponds____ à ton correspondant américain?
6. Mes amis aussi ____répondent____ à leurs correspondants.

17 Un coup de téléphone You call your friend Isabelle, but she's not home. Her mother, Madame Dulac, answers the phone. Imagine your conversation with Madame Dulac. **Answers will vary. Possible answers:**

—Allô? Bonjour, madame. Est-ce que je peux parler à Isabelle?

—Qui est à l'appareil?

—C'est...

—Bonjour,... Isabelle est à la bibliothèque.

—Est-ce que vous pouvez lui dire que j'ai téléphoné?

—Oui, bien sûr. Au revoir,...

—Merci. Au revoir, madame.

TROISIEME ETAPE

18 **Qu'est-ce que tu en penses?** Your friend Fanette phones you for advice. Write three possible things she might say to tell you she needs to talk to you. **Answers may vary. Possible answers:**

J'ai un petit problème.

Tu as une minute?

Je peux te parler?

19 **Un petit problème** You had an argument with your parents, and you'd like to discuss it with your friends. Check **oui** if they can take the time to talk about it, and **non**, if they can't.

		oui	non
CLAIRE	Désolée, je suis occupée.		✔
JULIEN	Je n'ai pas le temps.		✔
REMI	Je t'écoute.	✔	
THUY	Qu'est-ce que je peux faire?	✔	
PATRICIA	Euh… Pas maintenant.		✔

20 **Loin des yeux…** You've moved recently, and you miss all your friends and relatives. Your mother tells you to call them. Write what she says, using **lui** or **leur**.

Example: Je veux parler à Sabine. <u>Téléphone-lui!</u>

1. Je veux parler à Oncle Paul. <u>Téléphone-lui!</u>
2. Je veux parler à Pascale et Marie. <u>Téléphone-leur!</u>
3. Je veux parler à Tante Yvonne. <u>Téléphone-lui!</u>
4. Je veux parler à mes amis. <u>Téléphone-leur!</u>
5. Je veux parler à mon grand-père. <u>Téléphone-lui!</u>

21 Méli-mélo Choose an appropriate completion for each sentence.

   c 1. A ton avis,… a. comme sandwiches?
   f 2. Tu devrais… b. faire les courses?
   g 3. Oublie-… c. qu'est-ce que je fais?
   a 4. Qu'est-ce que vous avez… d. est-ce que tu as besoin?
   i 5. Ne t'en… e. petit problème.
   e 6. J'ai un… f. leur parler.
   h 7. Qu'est-ce que tu… g. la!
   j 8. Je vous présente… h. me conseilles?
   d 9. De quoi… i. fais pas!
   b 10. Tu peux aller… j. ma cousine Elise.

22 Un conseil Tes amis ont des problèmes. Donne-leur des conseils. **Answers may vary. Possible answers:**

> étudier manger apporter travailler parler
> acheter oublier rater téléphoner

Exemple : J'aime beaucoup ce sac. <u>Pourquoi tu n'achètes pas ce sac?</u>

1. Je n'ai pas d'argent.
   Pourquoi tu ne travailles pas?

2. Je vais rater mon examen de sciences nat.
   Pourquoi tu n'étudies pas?

3. J'aime beaucoup ma grand-mère.
   Pourquoi tu ne lui téléphones pas?

4. J'ai très faim.
   Pourquoi tu ne manges pas?

5. Mon copain n'est pas gentil avec moi.
   Pourquoi tu ne lui parles pas?

6. Je ne sais pas quoi apporter à la boum de Thuy.
   Pourquoi tu n'apportes pas une quiche?

23 Entre nous Martine et Amenan parlent au café. Complète leur conversation.

> raté écoute qu'est-ce qui s'est passé? n'ai pas lu chocolat
> ne sont pas oublié peux bon limonade ne t'en fais pas! oublie

AMENAN   Je __peux__ te parler?

MARTINE   Oui. Je t' __écoute__.

AMENAN   J'ai __raté__ mon examen de maths.

MARTINE   Mais, Amenan! __Qu'est-ce qui s'est passé?__ Tu es très __bon__ en maths en général!

AMENAN   J'ai __oublié__ mon livre au lycée et je __n'ai pas lu__ ma leçon pour l'examen. Mes parents __ne sont pas__ contents. Ils sont même furieux.

MARTINE   __Ne t'en fais pas!__ La prochaine fois, tu vas réussir, j'en suis sûre. Allez! __Oublie__ l'examen de maths. Qu'est-ce que tu prends?

AMENAN   Euh… une __limonade__.

MARTINE   Et moi, un __chocolat__.

24 Hervé Your friend Hervé is having problems with his girlfriend and calls you for advice. Imagine your conversation. **Answers will vary. Possible answers:**

— Allô. C'est Hervé.

— Salut, Hervé. Ça va?

— Non, pas terrible. Tu as une minute?

— Oui. Bien sûr.

— Marie n'est pas gentille avec moi. Elle ne me téléphone pas. Qu'est-ce que tu me conseilles?

— Ne t'en fais pas. Ça va aller mieux. Pourquoi tu ne lui parles pas?

— Bonne idée. Merci. Salut!

Nom _____ Classe _____ Date _____

■ LISONS!

25 **Le courrier de Fabrice** Fabrice is a journalist who advises young people in the magazine **Salut, les Jeunes.** Read the letters he received and his answers.

«Mon frère, ce tyran»

«Cher Fabrice,
J'ai quinze ans et mon grand frère en a dix-sept. Il veut toujours décider de tout. Quand nous sortons avec des copains, il me traite comme un bébé et je n'aime pas du tout ça. Quand j'essaie de parler à mes parents de mes problèmes avec mon frère, ils sont indifférents. Maman travaille beaucoup et elle n'a pas le temps de m'écouter et Papa ne répond pas quand je lui parle de mon frère. Qu'est-ce que tu me conseilles?»
Claudine, **Poitiers**

«Chère Claudine,
Ton petit problème a sûrement une solution. Ton frère veut impressionner ses copains. Il te traite comme une petite fille. Tu devrais lui parler et lui prouver que tu n'es pas une petite fille. N'oublie pas que si tu veux, tu peux t'imposer. Si tu le veux vraiment, il va commencer à te respecter, et ça va aller mieux. Courage!»

«A bas les traditions!»

«Cher Fabrice,
J'aime beaucoup mes grands-parents. Ils sont super sympas. Quand je vais les voir à Québec, ils me traitent avec beaucoup d'attention. Ma grand-mère fait de délicieux gâteaux au chocolat et mon grand-père me montre ses vieux trésors. Le seul problème, c'est qu'ils ont des idées très traditionnelles sur l'éducation. Quand je vais les voir, il me faut être très polie, ranger ma chambre tous les jours, débarrasser la table, faire des devoirs de vacances (!) et surtout, je ne peux jamais sortir le soir. Je ne suis plus une petite fille (j'ai quinze ans) et j'ai besoin de liberté! A ton avis, qu'est-ce que je fais?»
Marie, **Montréal**

«Chère Marie,
Tes grands-parents sont âgés. Ils ont oublié que les jeunes ont besoin de liberté. Ils t'aiment et ils veulent te protéger. C'est naturel. Patience! Tu es jeune. Dans un ou deux ans, je suis sûr qu'ils vont changer d'attitude. Tout vient à qui sait attendre!»

---

1. Do the following statements refer to Claudine or Marie?

	Claudine	Marie
Her grandparents don't live in her town.		✔
She has to do homework on her vacation.		✔
She wants more freedom.		✔
Fabrice tells her to talk to her brother.	✔	
She can't go out at night.		✔
Her brother is two years older than she is.	✔	

2. Why can't Claudine's mother help her solve her problem?
She is too busy working.

3. What do you think the expression **"Tout vient à qui sait attendre"** means?
Good things come to those who wait.

4. What would you advise Claudine to do? **Answers will vary.**

_____
_____

■ PANORAMA CULTUREL

26 Le téléphone public

1. Based on what you've learned, is this the kind of public phone in use in France today? Why or why not?

   Yes. Coin-operated phones have been replaced by card operated phones.

2. What are the advantages of using the **télécarte**? Answers will vary. Possible answers:

   People don't vandalize public phones as much because there's no money in the phones. You don't have to have change to use a public phone.

27 Un appel longue distance

Les Pays
Australie......... 61
Canada........... 1
Espagne.......... 34
Etats-Unis 1
France 33
Mexique.......... 52

Pour téléphoner des Etats-Unis :

  011 | indicatif du pays | numéro demandé

décrochez tonalité

Pour téléphoner de la France :

décrochez tonalité 00 indicatif du pays numéro demandé

Hôtel Jules César
Boulevard des Lices
04.90.93.43.20
Arles

1. If you called from the United States, what would you dial to contact Paul who is staying at this hotel?

   011 33 4 90 93 43 20

2. What would Paul dial to reach you in the United States if your number was (912) 555-7522?

   00 1 912 555 7522

CHAPITRE 10 — Dans un magasin de vêtements

■ MISE EN TRAIN

1 Le shopping   Martine is trying to decide what to buy for a special occasion. What does she say in each of the situations below? Circle the letter of your choice.

1. a. Ce n'est pas tellement mon style.
   b. Oui, je cherche une jupe.
   c. Non, merci. Je regarde.

2. a. J'ai quarante euros.
   b. Je fais du cinquante.
   c. Je fais du quarante.

3. **a.** Vous avez des tee-shirts?
   b. C'est combien, les pantalons?
   c. Comment la trouvez-vous?

4. a. Vous l'avez en vert?
   b. C'est combien, l'ensemble?
   c. Qu'est-ce que vous faites comme taille?

Nom_____ Classe_____ Date_____

PREMIERE ETAPE

2 Une colonie de vacances You're packing for a week's stay at a camp in the mountains. You've been told to expect warm, sunny days (around 25°C) and cool evenings (around 17°C). Place a check next to the items you're likely to need. **Answers may vary. Possible answers:**

✔ un jean   ___ une cravate
___ des bottes de neige   ___ un manteau
✔ un sweat-shirt   ✔ une casquette
___ une robe   ___ un maillot de bain
✔ des baskets   ✔ des chaussettes
___ une veste   ✔ un blouson
✔ des lunettes de soleil   ___ un chemisier

3 Qu'est-ce qu'ils portent? Choisis des vêtements et des accessoires appropriés pour les trois personnes suivantes. **Answers may vary. Possible answers:**

un chemisier, une ceinture, une chemise, un pantalon, des chaussures, une cravate, des sandales, un tee-shirt, des lunettes de soleil, des chaussettes, un short, une jupe, une veste, un bracelet, un maillot de bain

Un serveur au café	Une vendeuse dans un magasin	Un enfant à la plage
un pantalon	un chemisier	un short
une chemise	une jupe	un tee-shirt
une cravate	une veste	des sandales
des chaussures	une ceinture	des lunettes de soleil
des chaussettes	des chaussures	un maillot de bain
une ceinture	un bracelet	

4 Ah, ces jeunes! Styles change. Your grandparents are surprised by some of the things they see you wearing. List four things that are worn today by both boys and girls. **Answers will vary. Possible answers:**

des boucles d'oreilles   des bracelets
des casquettes   des cravates

Nom _____ Classe _____ Date _____

5 Un portrait-robot You're a police artist on duty and you're asked to make a sketch of a suspect as a witness describes him. Color your sketch.

C'est un homme grand, mince et brun. Il porte des lunettes de soleil, une chemise bleue et blanche, un jean noir et un blouson vert. Il a une chaussette jaune et une rouge, et il porte des sandales noires. Il porte aussi une écharpe rose et une casquette bleue.

6 Une fête Céline and her friends Pauline and Blondine are trying to decide what to wear to a party. Complete their conversation, using the correct forms of the verb **mettre**.

CELINE Qu'est-ce que tout le monde va porter samedi soir? Voyons... D'habitude, Catherine ____met____ une jupe et un pull large.

BLONDINE Oui, et Aurélie et Valérie ____mettent____ toujours des robes.

CELINE Toi, Blondine, en général, tu ____mets____ un pantalon et un tee-shirt, non?

BLONDINE Oui, mais cette fois-ci, je ____mets____ une jupe et un chemisier.

CELINE Pauline, ta sœur et toi, vous ____mettez____ des jeans?

PAULINE Non, nous ____mettons____ des robes, cette fois-ci.

CELINE Bon. Alors moi aussi, je vais ____mettre____ une robe.

7 Sur la piste... You're a private eye hired by a French fashion house to follow a person suspected of stealing their designs. Write a report telling what clothes and accessories the person wore on these days. Use the verbs **mettre** and **porter** in your report. **Answers will vary. Possible answers:**

1. Lundi, __il a mis un pantalon marron, une chemise blanche, une veste jaune, une cravate rouge et des chaussures noires.__

2. Mercredi, __il a porté un jean, un tee-shirt vert, une ceinture noire, une casquette orange, des lunettes de soleil et des sandales bleues.__

8 Le premier jour de classe Brigitte is nervous about her first day at a new school. Write the conversation she's having with her mother, in a logical order.

> Peut-être... Mais, qu'est-ce que je mets avec ma jupe?/Mets ton jean! /Non, j'ai une idée! Allons au centre commercial. Tu peux m'acheter quelque chose de nouveau!/ Non! Un jean, c'est trop banal!/Ton chemisier blanc./Je ne sais pas quoi mettre./ Pourquoi est-ce que tu ne mets pas ta jupe marron?

— Je ne sais pas quoi mettre.
— **Mets ton jean!**
— **Non! Un jean, c'est trop banal!**
— **Pourquoi est-ce que tu ne mets pas ta jupe marron?**
— **Peut-être... Mais, qu'est-ce que je mets avec ma jupe?**
— **Ton chemisier blanc.**
— **Non, j'ai une idée! Allons au centre commercial. Tu peux m'acheter quelque chose de nouveau!**

9 Dis-moi... Help Florence decide what she should wear on different occasions this week by choosing items from the pictures below. Use the correct possessive adjectives and add the colors of your choice for each item you advise Florence to wear. Vary the ways you give advice. **Answers will vary. Possible answers:**

1. Qu'est-ce que je mets pour aller au théâtre vendredi soir?
   Mets ta jupe grise, **ta ceinture grise, ta chemise noire, ton écharpe verte et grise et tes boucles d'oreilles vertes.**

2. Et pour aller à la boum de Raphaël samedi?
   Pourquoi est-ce que tu ne mets pas ta robe rouge, ton cardigan noir, tes boucles d'oreilles rouges, ton écharpe grise et tes chaussures noires?

3. Et pour aller au lycée lundi, qu'est-ce que tu me conseilles?
   Mets ta jupe bleue, ta chemise violette, ton cardigan noir, ta ceinture blanche et tes boucles d'oreilles bleues et violettes.

DEUXIEME ETAPE

10 Qui parle? You're at a department store, waiting as your friend tries on some clothes. You overhear people talking around you. Tell whether it's the salesperson or the customer talking.

> Je peux l'essayer? Ça fait combien? Vous avez des casquettes?
> Est-ce que je peux vous aider? Vous désirez? Vous avez ça en taille 32?

SALESPERSON	CUSTOMER
Est-ce que je peux vous aider?	Je peux l'essayer?
Vous désirez?	Ça fait combien?
	Vous avez ça en taille 32?
	Vous avez des casquettes?

11 Vive le shopping! At **Galeries Farfouillette**, you're looking for a black leather jacket and a green scarf. First, you just want to look around, then you ask for the salesperson's help. Complete the conversation you have with the salesperson. **Answers may vary. Possible answers:**

LE VENDEUR Bonjour. Je peux vous aider?
TOI Non, merci. __Je regarde__.
LE VENDEUR Très bien.

Plus tard (later)...

TOI Euh... Je cherche __un blouson__ en __cuir__ noir.
LE VENDEUR Qu'est-ce que vous faites comme taille?
TOI 40. Et... j'aimerais aussi __une écharpe__ pour aller avec __le blouson__.
LE VENDEUR Vous voulez la bleue, la rouge ou la verte?
TOI Euh... je voudrais __la verte__, s'il vous plaît.
LE VENDEUR Voilà. Ça vous va très bien.
TOI __C'est__ combien?
LE VENDEUR Alors... Le blouson, 75 € et l'écharpe, 18 €. Ça vous fait 93 € en tout.
TOI Voilà. __Merci__, monsieur. Au revoir.
LE VENDEUR Au revoir.

12 Des goûts et des couleurs You and your friend Sandra are shopping. You like the same items, but not the same colors. Complete your part of the conversation.

Example: J'aime bien la cravate marron. (vert)
Moi, j'aime mieux la verte.

SANDRA J'aime bien l'écharpe violette. (bleu)
TOI **Moi, j'aime mieux la bleue.**

SANDRA J'aime bien les chemises blanches. (vert)
TOI **Moi, j'aime mieux les vertes.**

SANDRA J'adore les pantalons noirs! (marron)
TOI **Moi, j'aime mieux les marron.**

SANDRA J'aime le chemisier rose. (gris)
TOI **Moi, j'aime mieux le gris.**

SANDRA J'aime bien la casquette rouge. (jaune)
TOI **Moi, j'aime mieux la jaune.**

13 Une boutique de vêtements Mathieu veut acheter des vêtements. Imagine sa conversation avec la vendeuse *(the saleswoman)*. Utilise les mots et les expressions proposés. **Answers will vary. Possible answers:**

J'aimerais, pantalon, 57€, pour aller avec, le bleu, coton, Je peux l'essayer?, pull

— Bonjour, mademoiselle. **J'aimerais un pantalon pour aller avec mon pull.**

— En coton?

— **Oui, s'il vous plaît. Je peux l'essayer?**

— Oui, bien sûr.

— **C'est combien?**

— C'est 57 €.

— **Bon. Je vais prendre le bleu.**

14 C'est gratuit
Aline and her friends get to pick out a free item at the grand opening of a new clothing store. Using the verb **choisir**, tell or ask what everyone chooses, based on the pictures. **Vocabulary answers may vary. Possible answers:**

1. Bonfils __choisit__ __une ceinture__ .

2. Cécile et Annick __choisissent__ __des bottes__ .

3. Chloé et moi, nous __choisissons__ __une robe__ .

4. Oh, non! Après tout, je __choisis__ __une jupe__ .

5. Et vous? Est-ce que vous __choisissez__ __un pantalon__ ?

15 Combien ils pèsent?
Tu travailles dans un club sportif. Qui a grossi et qui a maigri entre janvier et août?

	En janvier	En août
Anne	55 kg	50 kg
Patrice	80 kg	74 kg
Nicolas	85 kg	90 kg
Latifa	60 kg	62 kg
Philippe	90 kg	88 kg
Thuy	48 kg	55 kg

Exemple : Philippe <u>a maigri</u>.

1. Patrice et Philippe __ont maigri__ .
2. Thuy __a grossi__ .
3. Nicolas __a grossi__ .
4. Latifa et Thuy __ont grossi__ .
5. Anne __a maigri__ .

16 Des nouvelles!
Serge and Christian meet at the gym after a long time, and are getting caught up on news about some of their mutual friends. Complete their conversation logically with the correct form of **choisir, grossir,** or **maigrir**.

SERGE Salut, Christian! Dis donc, tu __as maigri__ !

CHRISTIAN Oui, je suis mince, non? Et Gilles, au fait, il va bien?

SERGE Oui, ça va. Mais, il __a grossi__. Il pèse 80 kg.

CHRISTIAN Moi aussi, je __grossis__ quand je mange beaucoup. Alors, tu fais de la gym depuis longtemps?

SERGE Oui, j'hésitais entre le hockey et l'aérobic, mais finalement, j(e) __ai choisi__ l'aérobic.

TROISIEME ETAPE

17 Des goûts opposés Marion porte un ensemble parfait pour la rentrée! Toi, tu aimes bien son ensemble mais sa mère ne l'aime pas. Qu'est-ce que vous dites à Marion?

> Il est trop serré. Je le trouve démodé. Il est horrible! Il est très à la mode.
> Je le trouve moche. C'est tout à fait ton style.
> Il est mignon. Il est parfait! Il te va bien. Je ne l'aime pas.

La mère de Marion	Toi
Il est trop serré.	Il est mignon.
Je le trouve moche.	Il est parfait!
Je le trouve démodé.	Il te va bien.
Il est horrible!	Il est très à la mode.
Je ne l'aime pas.	C'est tout à fait ton style.

18 Les copains At a party you meet Léa. She's new in town and she doesn't know anyone yet. Point out your friends Frank and Marie and describe what they're wearing to her. Remember to place adjectives correctly and make them agree with the nouns they describe. **Answers will vary. Possible answers:**

Ça, c'est Frank. Il est bizarre. Il porte une veste trop petite, un pantalon trop court, des chaussures trop grandes et une grande casquette!

Frank

Voilà Marie. Elle est cool. Elle porte une jupe courte noire, un grand pull blanc, des boucles d'oreilles et des sandales.

Marie

19 Il me faut... You're trying to convince your parents that you need some new clothes. Tell them what's wrong with what you have. Be as specific as possible. **Answers will vary. Possible answers:**

Example: Mon pantalon noir et rouge est trop serré. Il est nul.

1. Ma jupe rose est démodée.
2. Mon short est trop court et trop serré.
3. Ma veste ne me va pas bien. Elle est moche.
4. Je n'aime pas mon chemisier vert. Il est trop large.
5. Mon manteau est trop long. Il est horrible!
6. Mon cardigan est trop grand. Je le trouve moche.

20 Des compliments Batiste is a new student in your class. To strike up a conversation, you compliment him on what he's wearing. Compliment each article of clothing in a different way. **Answers will vary. Possible answers:**

1. J'aime bien ta veste.
2. Ton pantalon te va très bien.
3. Il est super, ton tee-shirt!
4. Ta veste va très bien avec ton pantalon.

21 De quoi parle-t-elle? You're asking Magali's advice on what to buy while in Arles. What items is Magali talking about?

1. — J'aime le chemisier et la jupe. Et toi, Magali?
   — Je **la** trouve jolie aussi.   la jupe

2. — Qu'est-ce que tu préfères, le chapeau ou l'écharpe?
   — Je **le** trouve démodé.   le chapeau

3. — Tu aimes mieux ce bracelet ou ces boucles d'oreilles?
   — Je **les** trouve mignonnes.   les boucles d'oreilles

4. — Qu'est-ce que je prends, ce chemisier ou ces chaussettes?
   — Je **l'**aime beaucoup.   le chemisier

5. — J'adore ce blouson et cette ceinture.
   — Alors, prends-**le**!   le blouson

Nom _____ Classe _____ Date _____

22 Des conseils d'ami Julien wants some advice on what clothes to buy. Answer his questions, telling him what you honestly think of the items he shows you and whether or not he should buy them. Use **le, la,** or **les,** and the adjectives of your choice. **Answers will vary. Possible answers:**

Example: Tu aimes cette veste? <u>Oui, elle me plaît. Prends-la!</u>

1. Et ces chaussures?
   Oui, je les trouve super. Prends-les!

2. Et cette casquette?
   Non, elle est trop chère. Ne la prends pas!

3. Et ce pantalon?
   Oui, il me plaît. Prends-le!

4. Et ces lunettes?
   Non, je les trouve démodées. Ne les prends pas!

5. Et ce pull?
   Je le trouve chouette. Prends-le!

23 Une enquête On a street in Arles, you're conducting a survey of what the French like to wear. It's very noisy, and you can't hear everything the people tell you. Complete their answers with **c', il, elle, ils,** or **elles.**

1. — Est-ce que vous aimez mettre des pantalons?
   — Oui. ___**c'**___ est pratique pour travailler.

2. — Est-ce que vous aimez la robe sur cette photo?
   — Oui, ___**elle**___ est mignonne.

3. — Comment est-ce que vous trouvez ces boucles d'oreilles?
   — ___**Elles**___ sont nulles!

4. — Est-ce que vous aimez mettre des chaussettes avec vos sandales?
   — Non. ___**c'**___ est ridicule!

24 A la mode To celebrate **Carnaval** in your French class, everyone must wear a ridiculous outfit. Write a description of your outfit for the fashion show commentator. Include colors, specific details, and complimentary statements. **Answers will vary.**

_____
_____
_____
_____
_____

Nom _____ Classe _____ Date _____

■ LISONS!

25 Les Galeries Farfouillette

Guide des Galeries Farfouillette

Sous-sol
Ustensiles de cuisine
Produits ménagers
Vaisselle
Electro-ménager
Matériel de bureau
Parking

Rez-de-chaussée
Service information
Boutique de souvenirs
Bagages et sacs
Papeterie
Disques, cassettes, CD
Livres
Parfums
Bijoux : bracelets, boucles
    d'oreilles, colliers
Lunettes de soleil

1er étage
Magasin pour hommes :
    Chaussures, pantalons,
    chemises, vestes,
    chaussettes, cravates,
    sous-vêtements
Club jeunes :
    Jupes, jeans, blousons
Club été :
    Maillots de bain, shorts,
    sandales, tee-shirts

2ème étage
Magasin pour femmes :
    Lingerie, robes, jupes,
    chemisiers, pantalons
Salon de coiffure

3ème étage
Magasin pour enfants
Chaussures dames
Vêtements d'hiver :
    Manteaux, écharpes,
    bottes, blousons cuir

4ème étage
Vêtements de sport
Equipement audio-visuel :
    Radios, télévisions,
    chaînes stéréo, caméras,
    appareils-photo, magnéto-
    scopes
Tapis, luminaires, mobilier
Linge de maison

5ème étage
Banque-change
Restaurant
Cafétéria
Terrasse
Galerie d'art

a. 1. What kind of store is **Galeries Farfouillette**?
   a department store

2. What do you think the **sous-sol** is?
   the basement

3. What could you buy for your little sister or brother in the **Galeries**?
   Answers will vary. Possible answers:
   records, CDs, tapes, clothes, books

4. How different is the **Galeries Farfouillette** from equivalent American stores?
   Answers will vary.

b. Your friends don't understand the way floors are numbered in France, but you know that **rez-de-chaussée** means "ground floor." Tell your friends on which floor they'll find what they want to buy, according to the American system.

			Floor				Floor
1. Jennifer wants:	a winter coat		4th	3. Bob needs:	pants		2nd
	a blouse		3rd		French money		6th
2. Jason wants:	CDs		1st		a haircut		3rd
	a swimsuit		2nd		a tie		2nd
	sunglasses		1st	4. Cathy wants:	shoes		4th
	a winter scarf		4th		earrings		1st

And you all want something to eat after shopping!   **6th**

PANORAMA CULTUREL

26 **Les tailles françaises** You're spending the summer in France. Your mother sent you a list of clothing to buy for your family and their sizes. Before you start to shop, rewrite the list in French. Use the table to convert American sizes to French sizes.

TABLE DE COMPARAISON DE TAILLES

Robes, chemisiers et pantalons femmes.

France	34	36	38	40	42	44
USA	3	5	7	9	11	13

Chaussures femmes.

France	36	37	38	38½	39	40
USA	5-5½	6-6½	7-7½	8	8½	9

Tricots, pull-overs, pantalons hommes.

France	36	38	40	42	44	46
USA	26	28	30	32	34	36

Chemises hommes.

France	36	37	38	39	40	41
USA	14	14½	15	15½	16	16½

Chaussures hommes.

France	39	40	41	42	43	44
USA	6½-7	7½	8	8½	9-9½	10-10½

Example: Your mother wants a white blouse, size 11. **un chemisier blanc en 42.**

1. Your grandmother wants a blue dress, size 13.
   Une robe bleue en 44.

2. Your aunt wants gray pants, size 7.
   Un pantalon gris en 38.

3. Your father wants a green shirt, size 15½.
   Une chemise verte en 39.

4. Your sister wants brown leather sandals, size 6.
   Des sandales en cuir marron en 37.

5. Your brother wants black shoes, size 10.
   Des chaussures noires en 44.

27 Les stéréotypes

a. What clothing do you associate with the French? Why? **Answers will vary.**

b. In your opinion, are there differences between the way French and American teenagers dress? Support your opinion with details. **Answers will vary.**

Vive les vacances!

■ MISE EN TRAIN

1 Un sondage   Answer this poll about your ideal vacation. In questions 1, 2, and 3, rate the choices from your favorite (1) to your least favorite (5). In questions 4 and 5, check the box(es) according to your personal experience. **Answers will vary.**

Tes vacances

1. Où est-ce que tu voudrais aller en vacances?
   ____ à la plage
   ____ à la montagne
   ____ à la campagne
   ____ en colonie de vacances
   ____ autre part *(elsewhere)* : _____

   ★ ★ ★ ★ ★ ★ ★ ★ ★ ★

2. Qu'est-ce que tu aimerais mieux faire en vacances?
   ____ sortir avec tes copains
   ____ faire du sport
   ____ aller à l'étranger *(abroad)*
   ____ faire du camping
   ____ autre chose *(something else)* : _____

   ★ ★ ★ ★ ★ ★ ★ ★ ★ ★

3. Avec qui est-ce que tu aimerais mieux passer tes vacances?
   ____ tes parents
   ____ tes grands-parents
   ____ tes copains
   ____ un(e) ami(e)
   ____ quelqu'un d'autre *(someone else)* : _____

   ★ ★ ★ ★ ★ ★ ★ ★ ★ ★

4. Est-ce que tu as déjà travaillé pendant les vacances?
   ❏ oui (Va à la question 5.)
   ❏ non (Voilà. Tu as fini le sondage!)

   ★ ★ ★ ★ ★ ★ ★ ★ ★ ★

5. Où est-ce que tu as déjà travaillé pendant les vacances?
   ❏ dans un magasin
   ❏ dans un restaurant
   ❏ dans une colonie de vacances
   ❏ dans une station-service
   ❏ autre part : _____

French 1 Allez, viens!, Chapter 11   Cahier d'activités, Teacher's Edition

PREMIERE ETAPE

2 Où vont-ils? You've taken a survey for the school paper. Based on the results, make a chart of where the students might be going on their vacation. **Answers may vary. Possible answers:**

Tranh va faire du camping.

Malika va jouer dans la neige.

Loïc va faire du ski.

Birhama va faire des promenades.

Magali va faire des pique-niques.

Marie va faire de la voile.

Marc va nager.

Philippe va faire des randonnées.

En forêt	A la montagne	A la campagne	Au bord de la mer
Tranh	Malika	Magali	Marc
Birhama	Loïc	Philippe	Marie

3 C'est difficile! You're tutoring someone who's having trouble in French class. Help your student by completing each sentence correctly.

1. Je suis allé(e) _____en_____ colonie de vacances. C'était chouette!
2. Pauline est allée _____à la_____ campagne.
3. Mes parents veulent aller faire un pique-nique _____en_____ forêt ce week-end.
4. Tu aimes aller _____au_____ bord de la mer, Sébastien?
5. J'adore passer mes vacances _____à la_____ montagne, et toi?
6. On va _____chez_____ les grands-parents ce soir?
7. Je voudrais faire des photos _____au_____ parc demain.
8. Mon oncle George adore aller _____à la_____ plage.

4 Les vacances Dis ce que tes amis vont faire pendant leurs vacances ou demande-leur ce qu'ils vont faire. Utilise les formes correctes du verbe **aller**.

1. Marc _____va_____ faire de la voile.
2. Philippe et Antoine _____vont_____ faire du camping.
3. Paul et moi, nous _____allons_____ faire de la randonnée à la montagne.
4. Marie et Jean-Yves, est-ce que vous _____allez_____ faire de la plongée?
5. Moi, je _____vais_____ aller en colonie de vacances.
6. Pierre, tu _____vas_____ à la campagne, toi?

5 La curiosité At a party, you overhear these bits of conversation. Match each sentence on the left with a logical response and write the letter of your choice in the blank. **Answers may vary. Possible answers:**

__c__ 1. On va à la plage ou à la piscine?   a. Oui, je vais aller à la campagne.
__f__ 2. Où va Michel?   b. Non. Allons voir un autre musée.
__d__ 3. Tu es occupé(e) ce week-end?   c. J'hésite. J'aime les deux.
__e__ 4. Tu devrais visiter les monuments.   d. Non. Je n'ai rien de prévu.
__a__ 5. Tu vas faire du camping?   e. J'ai bien envie de les voir.
__b__ 6. On va au Louvre?   f. Je n'en sais rien.

6 Qu'est-ce qu'on fait? Anne knows what she wants to do, but Ludovic doesn't. Decide whether Anne or Ludovic would make the comments below and write them in the appropriate speech bubble. **Answers may vary. Possible answers:**

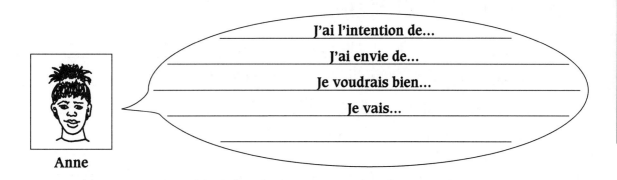

Anne:
- J'ai l'intention de...
- J'ai envie de...
- Je voudrais bien...
- Je vais...

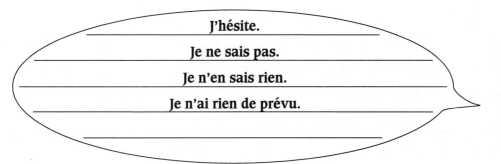

Ludovic:
- J'hésite.
- Je ne sais pas.
- Je n'en sais rien.
- Je n'ai rien de prévu.

7 Sois la bienvenue! Tu es arrivé(e) en France et tout le monde t'invite à faire quelque chose. Accepte, refuse, ou hésite, mais réponds poliment. **Answers will vary. Possible answers:**

1. Je voudrais bien aller au bord de la mer. Tu viens?

   Oui, j'ai envie de faire de la planche à voile.

2. J'ai envie d'aller au café. Tu as soif?

   Oui. Allons-y!

3. Tu veux faire du bateau?

   Je ne sais pas.

4. Tu préfères faire de la voile ou faire de la plongée?

   J'hésite.

8 A l'étranger Your friends have been accepted in student exchange programs. Guess where they're going to spend the summer, based on the languages they're studying.

Example: Doug étudie le français. Il va en France.

1. Dianne étudie l'espagnol. Elle va au Mexique.
2. Paul étudie le français et le djoula. Il va en Côte d'Ivoire.
3. David étudie l'allemand. Il va en Allemagne.
4. Anne étudie le français. Elle va au Québec.

9 Un voyage à Paris Tu vas passer une semaine à Paris. Quand est-ce que tu y vas et qu'est-ce que tu as l'intention de faire là-bas? Ecris au moins trois phrases. **Answers will vary. Possible answer:**

Je vais à Paris en juillet. J'ai l'intention de

visiter beaucoup de musées. J'ai envie de

visiter la tour Eiffel et l'Arc de

Triomphe. Je voudrais manger au

café et voir des films français.

DEUXIEME ETAPE

10 Tout pour un voyage You're double-checking that you have everything you need for your trip to France. Match each item on the left with the reason you need it.

1. __e__ Il me faut un passeport...
2. __c__ Il me faut un appareil-photo...
3. __f__ Il me faut une grande valise...
4. __a__ Il me faut un billet...
5. __d__ Il me faut un cadeau...
6. __b__ Il me faut de l'argent...

a. pour prendre l'avion.
b. pour acheter des souvenirs.
c. pour prendre des photos.
d. pour ma famille française.
e. pour aller en France.
f. pour transporter mes vêtements.

11 Un bagage à main During the summer, you're traveling to the Mediterranean coast with your French family for the weekend. You're only going to take carry-on luggage. List a few essentials you'll need for your trip. **Answers will vary. Possible answers:**

un short	des lunettes de soleil
un tee-shirt	un maillot
mon passeport	un appareil-photo
de l'argent	des sandales

12 Du calme! Séka and his friends are chatting at Séka's house on Saturday afternoon. Complete their conversation, using the correct forms of the verbs **dormir**, **partir**, or **sortir**.

JULIE Qu'est-ce que vous faites ce soir?

SEKA Ce soir, je reste chez moi et je __dors__ ! Je suis très fatigué.

JULIE Moi, je __sors__ avec Luc. On va à une boum.

LUCAS Mmmh... Vous __sortez__ beaucoup en ce moment, tous les deux...

SEKA Dis donc, Lucas, quand est-ce que vous __partez__ en vacances, toi et tes parents?

LUCAS Cette année, on ne __part__ pas ensemble. Eux, ils __partent__ le 2 juillet et moi, je __pars__ le 6. CHOUETTE! SUPER! C'EST BIENTOT LES VACANCES!!!

SEKA Chuuuut! Mes parents __dorment__ ! Ils font la sieste. Tais-toi!

13 Une sœur attentive

a. Before your sister leaves for Europe, you want to make sure she remembered to pack everything she'll need. Remind her to take the objects pictured below. Write down what you'd say, using different expressions. **Answers will vary. Possible answers:**

Example: Tu as tes lunettes de soleil?

1. Tu as ton passeport?
2. Tu prends ton appareil-photo?
3. Tu ne peux pas partir sans ton billet d'avion!
4. Tu n'as pas oublié ton argent?
5. Est-ce que tu as ton pull?
6. Prends ton dictionnaire!

b. How would your sister reassure you that she has everything, using three different expressions?

1. J'ai pensé à tout.
2. Je n'ai rien oublié.
3. Ne t'en fais pas.

c. Make a list of other items you'd suggest she take, including clothes, accessories, and anything else she'd need on a summer vacation. Tell why these things would be useful. **Answers will vary. Possible answers:**

Example: un portefeuille pour ton argent

un cadeau pour ton correspondant, des baskets pour le sport,

un maillot de bain pour nager, une veste pour sortir,

un chapeau pour la plage, des romans pour le train

14 Le chaos! It's Friday morning and all the children in your French host family are telling their mother different things before they leave the house. How would your host mother respond?

> Bonne chance!   Je n'en sais rien.   Au revoir et bon voyage!
> Achète-lui un cadeau!   Je n'ai rien de prévu.   Amuse-toi bien!
> N'oublie pas tes devoirs!   Pas question! Tu dois étudier.

1. Je sors avec mes copains après l'école. — **Amuse-toi bien!**
2. Je pars pour Lyon à midi. — **Au revoir et bon voyage!**
3. Je vais à l'école, maman. — **N'oublie pas tes devoirs!**
4. Je peux dormir tard demain matin? — **Pas question! Tu dois étudier.**
5. Maman, j'ai un examen ce matin! — **Bonne chance!**
6. Qu'est-ce que tu vas faire ce soir? — **Je n'ai rien de prévu.**
7. Où est mon appareil-photo? — **Je n'en sais rien.**
8. Demain, c'est l'anniversire de Paul. — **Achète-lui un cadeau!**

15 Bon voyage! Your friends and family are seeing you off at the airport. They're all talking at once. You can't catch every word, but you can probably guess what they're saying. See if you can fill in the missing words. **Answers may vary. Possible answers:**

1. Tu n'as rien **oublié**?
2. **Amuse**-toi bien!
3. A **bientôt**!
4. Bonnes **vacances**!
5. **Bonne** chance!
6. Bon **voyage**!

16 Les adieux You're at the airport, ready to leave for a month in France. Write the dialogue that takes place between you and your parent, who is seeing you off. **Answers will vary.**

TROISIÈME ÉTAPE

17 Une conversation Mets cette conversation en ordre.

__7__ Bonne idée!

__2__ Oui, très chouette. Samedi après-midi, je suis allée à la plage.

__1__ Salut, Sophie. Tu as passé un bon week-end?

__4__ J'ai fait de la planche à voile avec mes copines.

__6__ Bon. Si tu veux, on peut en faire ensemble ce week-end.

__5__ Ah, oui? Moi aussi, j'adore faire de la planche à voile.

__3__ Qu'est-ce que tu as fait?

18 Des impressions différentes C'est la rentrée et tu demandes à tes copains s'ils ont passé de bonnes vacances. Choisis les réponses qui correspondent à chaque photo. **Answers may vary. Possible answers:**

> C'était formidable. Oui, ça a été. Je me suis bien amusé(e). Oui, super!
> Oh, pas mal. Comme ci comme ça.
> Non, pas vraiment. C'était un véritable cauchemar.
> Pas terrible.

C'était formidable.	Oui, ça a été.	C'était un véritable
Je me suis bien	Comme ci comme ça.	cauchemar.
amusé(e).	Oh, pas mal.	Non, pas vraiment.
Oui, super!		Pas terrible.

Nom _____ Classe _____ Date _____

19 Un documentaire
You're watching a French documentary. A reporter is asking teenagers about their summer. Unfortunately, the sound is bad and you can't hear the questions he's asking. Guess what his questions are, based on the answers. **Answers will vary. Possible answers:**

REPORTER — **Tu as passé un bon été** ?

STEPHANE — Oui, c'était formidable.

REPORTER — **Tu es allé où** ?

STEPHANE — En Provence.

REPORTER — **Qu'est-ce que tu as fait** ?

STEPHANE — J'ai pris des photos et j'ai visité Aix-en-Provence.

REPORTER — **Ça s'est bien passé** ?

AURELIE — Oh, pas mal.

REPORTER — **Tu t'es bien amusée** ?

AURELIE — Non, c'était ennuyeux.

REPORTER — **Qu'est-ce que tu as fait** ?

AURELIE — Bof... Rien de spécial.

20 C'était bien, tes vacances?
You're writing the results of a poll you've taken among your classmates. You've asked them if they had a good vacation. Finish writing their answers by giving a reason why they did or didn't have a good time. **Answers will vary. Possible answers:**

Example: Oui, très chouette. J'ai rencontré un nouveau copain.

1. C'était un véritable cauchemar. **J'ai raté mon train.**
2. C'était épouvantable. **J'ai oublié mon passeport dans le train.**
3. Oh, pas mal. **J'ai passé l'été avec mes parents.**
4. C'était formidable! **J'ai vu mes cousins.**
5. Non, pas vraiment. **C'était ennuyeux.**
6. Oui, ça a été. **Je suis allé(e) en colonie de vacances.**
7. C'était ennuyeux. **Je suis allé(e) chez les grands-parents.**
8. Oh, pas mauvais. **J'ai fait du camping.**
9. Oui, super! **J'ai fait de la plongée.**
10. C'était nul. **J'ai travaillé au fast-food.**

21 Et toi? Est-ce que tu as fait ces activités pendant tes dernières *(last)* vacances? Si tu n'as fait aucune de ces activités, dis ce que tu as fait à la place *(instead)*.

- aller en Europe
- faire de la voile
- prendre des photos
- bien manger
- visiter des musées
- aller à la plage
- jouer au tennis
- lire des livres
- aller en forêt
- regarder la télé
- faire un pique-nique
- faire du camping

Answers will vary. Possible answers:

Exemple : Je suis allé(e) en Europe.
 ou Je ne suis pas allé(e) en Europe. Je suis allé(e) chez ma tante.

1. Je suis allé(e) à la plage.
2. Je n'ai pas lu de livres. Je suis allé(e) au cinéma.
3. J'ai bien mangé.
4. J'ai regardé la télé.
5. J'ai pris des photos.
6. Je n'ai pas fait de pique-nique. J'ai mangé au restaurant.
7. Je n'ai pas visité de musées. J'ai regardé la télé.
8. J'ai joué au tennis.
9. J'ai fait de la voile avec mes cousins.
10. Je ne suis pas allé(e) en forêt. Je suis allé(e) au bord de la mer.
11. J'ai fait du camping.

22 Et ton week-end? Lundi matin, ton ami Julien et toi, vous discutez de votre week-end. Imagine votre conversation. **Answers will vary.**

■ LISONS!

23 Vive la Provence! Read this ad and answer the questions in English.

Des vacances en Provence
Si vous voulez passer
des vacances inoubliables
sous le soleil provençal,

Le Club Provence
vous offre des vacances :
* A la montagne
dans les Alpes de Haute-Provence
* Au bord de la mer
entre Nice et Antibes
* A la campagne
dans l'arrière-pays niçois

Venez découvrir avec nous la splendeur du sud
de la France en toutes saisons
dans l'un de nos trois clubs.
De multiples sports sont à votre portée :
voile, planche à voile, plongée sous-marine,
ski nautique, mais aussi...
randonnées pédestres et à vélo,
équitation, ski de fond (en saison),
deltaplane.

Nous organisons également des excursions
journalières dans les sites
les plus remarquables de la région :
les Baux-de-Provence, la Cité des Papes,
les jardins fleuris de Grasse, le pont du Gard,...

Avec nous, vous pourrez aussi goûter aux meilleures spécialités
de la région dans des restaurants
mondialement réputés et assister à des
spectacles folkloriques en toutes saisons.

Bénéficiez d'une offre exceptionnelle :
375 € par semaine et par personne,
pension et repas compris!

Pour plus de détails,
**Téléphonez-nous dès aujourd'hui au :
08.36.77.23.64**
et demandez notre catalogue gratuit.

1. How can you get a free catalogue of the trips offered?

   You can call 08.36.77.23.64.

2. What settings does **Club Provence** offer for a vacation?

   the mountains, the beach, and the country

3. What activities listed in the ad would you expect to do at the beach?

   sailing, scuba diving, windsurfing, and waterskiing

4. How often do the excursions take place?

   every day

5. If you decided to spend two weeks at **Club Provence**, how much would you expect to pay in dollars? Would meals be included? **Answer will vary based on the exchange rate. Possible answer:**

   Yes, meals would be included.

6. Which of the three settings offered by **Club Provence** would you choose for your vacation and why? **Answers will vary.**

Nom _____ Classe _____ Date _____

PANORAMA CULTUREL

24 Les colonies de vacances

1. If you were to attend a summer camp in France, what activities would you expect to do? Name at least three. **Answers may vary. Possible answers:**

   folk dances, arts and crafts, foreign languages, sports

2. Is this different from a summer camp in the United States? How? **Answers will vary.**

25 Une carte postale   Read this postcard from your French pen pal Liselotte.

> Salut de Provence!
>
> Toute la famille t'embrasse. Nous faisons du camping à Cagnes-sur-Mer pendant tout le mois d'août. C'est super chouette ici! Papa fait de la voile tous les jours et Maman a déjà lu dix livres! Elle adore lire. Et moi, j'adore les vacances! Encore deux semaines.
>
> Ensuite, on rentre à Paris. Et en décembre, on va tous à La Clusaz faire du ski. C'est chouette d'avoir des parents sportifs!
>
> A bientôt.
>
> Liselotte

What does this postcard tell you about French vacations? How do they differ from American vacations? **Answers may vary. Possible answer:**

A French family can take a four- or five-week vacation together because most working people can take four or five weeks of paid vacation. In the United States, a family would be more likely to take one or two weeks off.

CHAPITRE 12

En ville

MISE EN TRAIN

1 On fait les commissions Simone, Gisèle, Félix et Norbert vont faire des courses pour leurs parents. Lis les conversations qu'ils ont avec leurs parents et décide qui a écrit chaque liste.

1. SIMONE   Je vais en ville acheter un disque compact. Tu as besoin de quelque chose?
   MME DUVAL   Oui. Achète des fruits et une baguette.
   SIMONE   C'est tout?
   MME DUVAL   Ah, oui! Tu peux passer rendre mon livre aussi?
   SIMONE   Bon. D'accord.

a. _Disquaire, Bibliothèque, Poste, Boulangerie_ — **Gisèle**

2. M. HADJADJ   Dis, Gisèle, avant de rentrer de l'école, tu peux passer prendre le dernier livre de James Michener?
   GISELE   O.K.
   M. HADJADJ   Ah, oui! N'oublie pas aussi d'acheter une baguette pour le dîner!... Et d'envoyer ce paquet à ta grand-mère... et puis, achète-moi le dernier CD de Céline Dion! et...
   GISELE   Bon, Papa! Ça suffit! Je ne sais pas si je vais avoir le temps.

b. _Marché, Poste, Disquaire, Boulangerie_ — **Norbert**

3. MME MONTEL   Félix, si tu vas en ville, prends un kilo de tomates pour le déjeuner.
   FELIX   D'accord. Ah oui! J'ai aussi besoin d'envoyer un paquet à ma correspondante.
   MME MONTEL   Oh! Et puis, si tu as le temps, achète deux baguettes.
   FELIX   Alors, deux baguettes et un kilo de tomates.

c. _Marché, Boulangerie, Poste_ — **Félix**

4. MME KAHN   Mon petit Norbert... est-ce que tu vas en ville, par hasard?
   NORBERT   Oui, pourquoi?
   MME KAHN   Tu veux bien me mettre ce paquet à la poste et acheter du pain, une douzaine d'œufs et des bananes?
   NORBERT   Bon.
   M. KAHN   Et après, passe prendre le CD que j'ai commandé à «La Boîte à musique».
   NORBERT   Bon! Bon! Mais, c'est tout, alors!

d. _Bibliothèque, Marché, Disquaire, Boulangerie_ — **Simone**

PREMIERE ETAPE

2 Où vas-tu? You have a lot of errands to run. Where will you go to get each of the items on your list? **Answers may vary. Possible answers:**

Example: un livre   à la librairie

1. un litre de lait   à l'épicerie
2. un gâteau   à la pâtisserie
3. du papier   à la papeterie
4. des timbres   à la poste
5. du pain   à la boulangerie
6. de l'aspirine   à la pharmacie
7. une cassette   chez le disquaire

3 Pourquoi tu y vas? You're curious. As your friends tell you where they're going, ask them what they're going to do there. **Answers will vary. Possible answers:**

Example: — Je vais à la poste.
— Tu vas envoyer un paquet ou acheter des timbres?

1. — Je vais à la banque.
   — **Tu vas déposer ou retirer de l'argent?**

2. — Je vais à la bibliothèque.
   — **Tu vas emprunter un livre?**

3. — Je vais chez le disquaire.
   — **Tu vas acheter un CD?**

4. — Je vais à la pâtisserie.
   — **Tu vas acheter une tarte ou un gâteau?**

4 Des petits services Tes amis te disent où ils vont. Demande-leur de faire quelque chose pour toi à chaque endroit *(place)*. N'oublie pas d'être poli(e)! **Answers will vary. Possible answers:**

Exemple : On va chez le disquaire. <u>Achetez-moi un CD de jazz, s'il vous plaît.</u>

1. On va à la banque. **Déposez de l'argent, s'il vous plaît.**
2. On va à la poste. **Envoyez ce paquet, s'il vous plaît.**
3. On va à la boulangerie. **Achetez-moi du pain, s'il vous plaît.**
4. On va à la pharmacie. **Rapportez-moi ces médicaments, s'il vous plaît.**
5. On va à la bibliothèque. **Rendez ce livre pour moi, s'il vous plaît.**

5 Les devinettes Tu joues à un jeu avec tes camarades. Ils te disent ce qu'ils ont acheté et tu dois deviner *(guess)* où ils sont allés.

la poste   la bibliothèque   la pharmacie   la papeterie   la librairie   l'épicerie   la boulangerie   la banque

Exemple : — J'ai acheté des enveloppes.
— <u>Tu es allé(e) à la papeterie!</u>

1. — Moi, j'ai acheté des médicaments.
   — **Tu es allé(e) à la pharmacie!**

2. — Moi, j'ai acheté du coca.
   — **Tu es allé(e) à l'épicerie!**

3. — Moi, j'ai acheté un livre.
   — **Tu es allé(e) à la librairie!**

4. — Moi, j'ai acheté des timbres.
   — **Tu es allé(e) à la poste!**

5. — Et moi, j'ai acheté du pain.
   — **Tu es allé(e) à la boulangerie!**

6 Comment dit-on... ? You've just arrived in Martinique. You've forgotten how to say these words in French, but you've got to make yourself understood. Write what you might say for each word listed below. **Answers will vary. Possible answers:**

Example: *the pharmacy* <u>l'endroit où on peut acheter des médicaments</u>

1. *the bookstore*
   l'endroit où on achète des livres

2. *the bank*
   l'endroit où on dépose de l'argent

3. *the stadium*
   l'endroit où on va voir des matches de foot

4. *the school cafeteria*
   l'endroit où on déjeune à l'école

5. *the swimming pool*
   l'endroit où on nage

6. *the park*
   l'endroit où on fait des promenades

7 Comment est ta ville? Draw and label a map of your city or town, or an imaginary one. Show at least ten of the following places. **Answers will vary.**

un cinéma	un centre commercial	une librairie
ton lycée	une pâtisserie	une banque
une pharmacie	ta maison/ton appartement	une poste
un parc	une épicerie	une bibliothèque
un stade	une piscine	un zoo

8 Où est-ce? You're taking your exchange student on a tour of your town. Point out the various places where he or she can go and tell something about each place. You might use the map you drew in Activity 7. **Answers will vary. Possible answers:**

Example: <u>Là, c'est le zoo. Tu peux voir des animaux super.</u>

1. Là, tu vois, c'est la librairie. Tu peux acheter beaucoup de livres super.

2. Ça, c'est la bibliothèque. Tu peux étudier ici.

3. Voici une bonne pâtisserie. Les gâteaux sont délicieux ici!

4. Ça, c'est le centre commercial. Tu peux acheter des cadeaux pour ta famille.

5. Là, c'est le parc où je joue au foot avec mes copains.

6. Et ça, c'est le stade. On peut voir des matches de base-ball ici.

DEUXIEME ETAPE

9 Tu peux m'aider? Didier has a lot of errands to do. According to where he has to go, would he be able to do these favors for you?

Je vais à l'épicerie, à la librairie, à la papeterie et à la boulangerie.

	oui	non
1. Tu peux rendre des livres pour moi?		✔
2. Est-ce que tu peux envoyer un paquet?		✔
3. Tu peux m'acheter un classeur?	✔	
4. Tu pourrais m'acheter un CD?		✔
5. Tu peux choisir un tee-shirt pour Anne?		✔
6. Tu pourrais acheter une baguette?	✔	

10 La politesse You're traveling in France with a group of students. Your friend Mary wants to be more polite when she asks people to do things for her. Suggest how she might rephrase her requests. Vary your suggestions. **Answers may vary. Possible answers:**

1. Achète-moi des timbres. **Tu peux m'acheter des timbres?**

2. Rapporte-moi une tarte aux pommes. **Je voudrais une tarte aux pommes, s'il te plaît.**

3. Rends ce livre à la bibliothèque. **Tu pourrais rendre ce livre à la bibliothèque?**

4. Envoie ce paquet. **Tu peux me rendre un service? Tu peux envoyer ce paquet pour moi?**

Je voudrais
Tu pourrais
Tu peux

11 Tout mais pas ça! You hate to shop for food, but you don't mind running other errands. Accept or refuse these requests. Be sure to vary your responses. **Answers will vary. Possible answers:**

1. Tu peux passer à la boulangerie? **Je regrette, je ne peux pas.**
2. Tu pourrais m'acheter des timbres? **Je veux bien.**
3. Tu peux acheter des gâteaux? **Désolé(e), je n'ai pas le temps.**
4. Tu peux rendre ces livres? **D'accord, j'y vais tout de suite.**
5. Tu pourrais m'acheter une cassette? **Si tu veux.**
6. Tu peux passer à l'épicerie? **Pas question!**

12 Un voyage Your French pen pal wants to know how he can go from New York to Dallas when he comes to the United States. Check the most logical forms of transportation.

_____ à vélo   _____ en taxi   ✔ en avion
_____ à pied   _____ en métro   ✔ en bus
✔ en voiture   ✔ en train   _____ en bateau

13 On y va comment? You and Caroline are in Fort-de-France. You're discussing the best way to go from the **théâtre municipal** to the post office, which is about two miles away. For each suggestion she makes, choose the logical response.

1. On y va à pied?   __5__ Quelle bonne idée!
2. On y va à vélo?   __2__ Je n'ai pas de bicyclette.
3. On y va en taxi?   __4__ Je n'ai pas mon permis de conduire.
4. On y va en voiture?   __1__ C'est trop loin et il pleut.
5. On y va en bus?   __3__ C'est trop cher.

14 Les moyens de transport Dis comment tu voyages si tu prends ces moyens de transport.

Exemple :  en bateau

 1. __à vélo__

 2. __en voiture__

 3. __en train__

 4. __en avion__

 5. __à pied__

15 Un prof curieux Answer your teacher's questions about your activities and your classmates'. Use the pronoun **y** in your answers.

Example: — Est-ce que Peter va à la montagne? — Oui, <u>il y va.</u>
— Et Cathy, elle va à la plage? — Non, <u>elle n'y va pas.</u>

1. — Est-ce que Mark va chez des amis?
   — Non, __il n'y va pas.__

2. — Et toi, tu vas souvent au parc?
   — Oui, __j'y vais souvent.__

3. — Est-ce qu'Ann et Paula passent les vacances à la campagne?
   — Non, __elles n'y passent pas les vacances.__

4. — Jennifer va à la piscine le mardi et le jeudi, non?
   — Oui, __elle y va le mardi et le jeudi.__

16 Qu'est-ce qu'on y fait? Dis ce qu'on fait dans ces différents endroits. Utilise **y** dans tes réponses. **Answers will vary. Possible answers:**

Exemple : Au stade : <u>On y joue au football.</u>

1. En forêt : __On y fait des promenades.__
2. Au bord de la mer : __On y nage.__
3. Au restaurant : __On y mange.__
4. A la campagne : __On y fait des randonnées.__
5. A la montagne : __On y fait du ski.__
6. Au café : __On y prend un sandwich.__

17 Pour un visiteur You're writing to Félix before he comes to visit you. Tell him where you're planning to go together, how you can get there, and what you can do there. **Answers will vary. Possible answers:**

> Cher Félix,
> Ça va être super! On va aller au stade. On peut y aller à pied.
> On y va pour voir des matches de base-ball! On peut aussi
> aller au cinéma. On va prendre le train pour aller à la plage.
> On peut y faire de la planche à voile. On peut aussi faire
> du bateau si tu veux. Enfin, on peut aller au centre
> commercial en bus et faire les vitrines.

TROISIEME ETAPE

18 Les magasins Your French host mother left a note for you asking you to run some errands. She knows you're not familiar with the town, so she wrote down the location of each store. Read her directions and label each storefront appropriately.

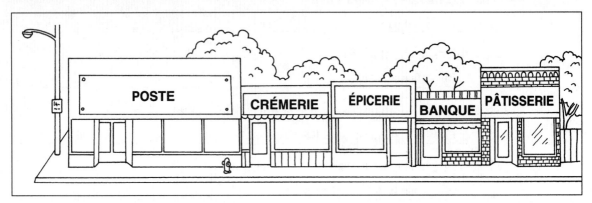

1. La crémerie est entre la poste et l'épicerie.
2. La pâtisserie est à droite de la banque.
3. L'épicerie est à gauche de la banque.
4. La poste est au coin de la rue.

19 Qui c'est? Your substitute teacher today is having trouble reading the seating chart correctly. Tell her where five of your classmates sit. Use a different preposition in each sentence. **Answers will vary. Possible answers:**

Example: <u>Karim est devant Julie.</u>

1. Mike est à côté de Mark.
2. Shandra est derrière Danielle.
3. Amy est devant John.
4. Peter est à gauche de Julie.
5. Jason est à droite de Felipe.

20 Dans ma ville Explique à Jean-Pierre où sont ces différents endroits dans ta ville. Utilise chaque préposition une seule fois. **Answers will vary. Possible answers:**

> entre   à droite de   en face de   près de   loin de   à côté de   à gauche de   derrière

1. Le cinéma est __à droite de la pâtisserie.__
2. L'épicerie est __entre le lycée et la poste.__
3. La pharmacie est __derrière le restaurant.__
4. Le parc est __en face du disquaire.__
5. Mon lycée est __loin de la pâtisserie.__

21 Le centre-ville Ton amie Awa t'explique où sont les différents endroits *(places)* où aller dans sa ville. Regarde la carte et complète chaque phrase d'Awa avec **du** ou **de la** et le nom de l'endroit. **Answers will vary. Possible answers:**

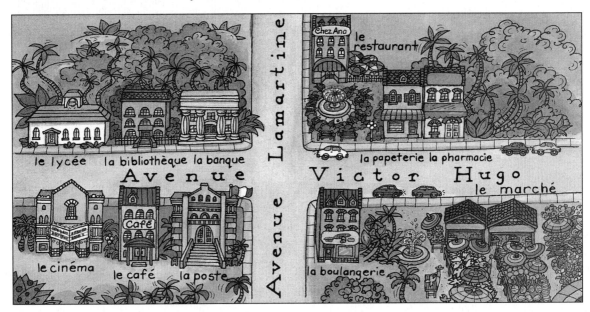

1. Le marché est loin ___du lycée.___
2. Le cinéma est à côté ___du café.___
3. La banque est en face ___de la poste.___
4. La banque est à droite ___de la bibliothèque.___
5. La papeterie est près ___du restaurant.___
6. La boulangerie est à gauche ___du marché.___

22 Un(e) touriste perdu(e) How would you ask these people for directions to the places mentioned? Vary the ways you ask for directions. **Answers will vary. Possible answers:**

1. (le musée départemental)

   Pardon, où est le musée départemental,

   s'il vous plaît?

2. (la cathédrale Saint-Louis)

   Pardon, monsieur, je cherche la cathédrale

   Saint-Louis, s'il vous plaît.

23 C'est très simple... Imagine you're a hotel clerk in Fort-de-France. Tell the guests how to get to the places they want to visit from your hotel, which is circled on the map. **Answers will vary. Possible answers:**

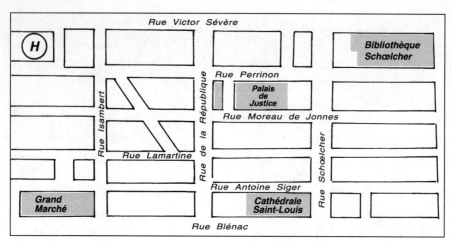

1. Pour aller à la cathédrale Saint-Louis, __vous allez tout droit dans la__ __rue Victor Sévère jusqu'à la rue de la République. Tournez à droite__ __dans la rue de la République. Tournez à gauche dans la rue Blénac__ __et c'est à gauche, au coin de la rue Blénac et de la rue Schœlcher.__

2. Pour aller au Grand Marché, __vous prenez la rue Perrinon. Vous tournez__ __à droite dans la rue Isambert. Continuez tout droit jusqu'à la rue__ __Antoine Siger. C'est tout de suite à droite.__

24 La chasse au trésor You're planning a treasure hunt for your friends. Choose a place in your town where you've hidden the "treasure" and write a set of challenging directions from an established starting point. See if your friends can find **le trésor** by following your directions. **Answers will vary.**

Nom_____ Classe_____ Date_____

■ LISONS!

25 La musique antillaise   Read the following article and answer the questions below.

UNE SALADE DE FRUITS MUSICALE

La France métropolitaine a découvert la musique des Antilles (biguine, rumba, compas, reggae, et autres) il y a déjà cinquante ans ou plus. Mais c'est seulement à partir des années 80 que ces rythmes ensoleillés ont atteint un très large public en métropole. Maintenant, de multiples accents et cadences des Caraïbes se mêlent sur toutes les radios françaises. Et pour notre plus grand plaisir!

Le zouk, par exemple, est très à la mode depuis les années 80. Il est devenu célèbre sur le continent grâce au groupe martiniquais Kassav'. D'autres influences musicales venues des îles prennent petit à petit la place du zouk dans le cœur des Français. Par exemple, on parle beaucoup de Pee Thova Obas d'Haïti qui combine avec succès le compas et la bossa nova. D'autres musiciens utilisent la salsa et les rythmes d'Amérique latine combinés avec leur propre modernité. Les jeunes Français aiment aussi beaucoup le raggamuffin, descendant direct du reggae. La Martinique et la Guadeloupe nous offrent elles-mêmes leurs beaux mélanges de tradition et de modernité avec des groupes comme Akiyo et Tambou Kannal.

En France comme dans beaucoup d'autres pays occidentaux, la musique antillaise est de plus en plus appréciée. On l'aime dans son état pur, on l'aime servie «en salade variée» de rythmes combinés. Elle influence aussi la musique métropolitaine. Une chose est sûre : les rythmes antillais sont bien vivants dans le cœur des Français.

a. This article mentions several types of music, various places, and specific musicians. Write each of the following in the appropriate category.

Akiyo   Antilles   Martinique   raggamuffin   Pee Thova Obas   zouk   Kassav'   salsa   Tambou Kannal   biguine   métropole   Guadeloupe   Caraïbes   compas

MUSIC	PLACES	MUSICIANS
salsa	Antilles	Akiyo
compas	Caraïbes	Kassav'
biguine	métropole	Pee Thova Obas
raggamuffin	Martinique	Tambou Kannal
zouk	Guadeloupe	

b. You may not have understood every word, but did you get the main ideas? Choose the sentence that summarizes the main idea in the paragraphs that begin with . . .

1. «La France métropolitaine... »
   a. The music from the West Indies is very popular in modern France.
   b. Music from all over the world has been popular in France for fifty years.
   c. There is a French radio station specializing in music from the West Indies.

2. «Le zouk, par exemple,... »
   a. Zouk is the only popular West Indian music in France today.
   b. Today, the French enjoy combinations of various musical influences.
   c. A Latin-American group named Kassav' is starting to gain popularity in France.

Nom _____ Classe _____ Date _____

■ PANORAMA CULTUREL

26 **Un article**   The editor of your high school newspaper has asked you to write an article in English about your trip to Martinique. In your article, include the following information:

— where Martinique is and what it's like there,
— why people speak French in Martinique,
— why you chose to go to Martinique,
— what you did there,
— what people are like there.

Answers will vary. Possible answers:

Martinique is an island in the Caribbean. The weather is great and

the beaches are beautiful. People are very friendly in Martinique.

When you go shopping, they often take the time to stop and chat with

you on the streets. In Fort-de-France, the main city in Martinique, my

favorite place is "le Grand Marché." At this market, you can buy all kinds of

exotic fruits and vegetables. Other interesting places are "la cathédrale

Saint-Louis" and "le parc floral." The people of Martinique speak French

because the island is part of France ("département d'outre-mer," or

DOM). I chose to go there because I love the sun, the beautiful beaches,

and because I could practice my French.

27 **Pas comme chez nous**   You're visiting your pen pal Sophie in Fort-de-France and you notice that some things are different than they are at home. Can you explain why?

1. Sophie's parents won't let you drive the family car alone although you're sixteen years old!
   In France, you can't drive alone until you're eighteen.

2. Around 2:00 P.M., you're hungry, and you decide to go buy something at the **épicerie**. Sophie says you can't.
   Small businesses generally close between 12:30 and 3:30.

3. Your French host family wants to take you for a tour of the **centre-ville**, but they warn you that you'll have to walk a lot.
   Some of the streets in the centre-ville are closed to traffic so
   that pedestrians can stroll freely without worrying about traffic.

Nom _____ Classe _____ Date _____

■ MON JOURNAL

Describe an ideal friend, telling what he or she likes or dislikes. Include his or her age and favorite foods, and list some activities he or she likes to do.

_____

French 1 Allez, viens!, Chapter 1

Nom_____ Classe_____ Date_____

■ MON JOURNAL

Write about your favorite and least favorite classes at school. Tell at what times you have them and your opinion of them.

Nom _____ Classe _____ Date _____

■ MON JOURNAL

Next Monday is the first day of school. This weekend, you're going shopping. Write about what you already have and what you still need for school. You might want to include some other things you're thinking of buying for yourself.

French 1 Allez, viens!, Chapter 3

Cahier d'activités, Teacher's Edition 147

CHAPITRE 3 Mon journal

Nom _____ Classe _____ Date _____

◼ MON JOURNAL

Tell why you like a certain season. Write about the activities and weather you enjoy during that season. You might also mention something you don't do during that season.

Nom _____ Classe _____ Date _____

■ MON JOURNAL

Describe your favorite restaurant. Talk about the kind of food served and the quality of the food. Mention prices, too.

Nom _____ Classe _____ Date _____

■ MON JOURNAL

Describe an ideal day from morning to evening. Tell what you plan to do, at what times, where you're going to go, and with whom.

■ MON JOURNAL

Describe yourself. Give your name and age. Describe both your physical and personality traits. Mention some activities you like or don't like to do to support details of your description.

MON JOURNAL

Tell what you normally have for breakfast, lunch, and dinner. Be specific about the food and beverages. Include details about where, when, and with whom you usually have these meals.

Nom _____ Classe _____ Date _____

◼ MON JOURNAL

Describe a recent eventful weekend that you had, real or imaginary. Write in detail about what happened, where you went, and how it was.

MON JOURNAL

Describe how you, your friends, and your teachers dress for school. Be as precise as you can, including colors and accessories in your description.

Nom_____ Classe_____ Date_____

■ MON JOURNAL

Imagine and describe a trip that you are planning to take. Give many details telling where you're going, when, with whom, what the weather is like, and what you plan to see and do there.

Nom_____ Classe_____ Date_____

MON JOURNAL

Describe typical errands you run in your town—what you do, where you go, how you get to the various places, and whether you go alone or with friends or relatives.